新 著

2020

Sports Business Guidebook 2020

スポーツビジネス教本

スポーツが仕事になる！
ノウハウが満載

柴岡 信一郎

タイケン

はじめに

　テレビや新聞、雑誌、インターネット、SNSなどのメディアによって情報化が進んでいる今日、朝起きてから夜寝るまでの間に、私たちは様々な「スポーツ」に触れます。新聞朝刊にはスポーツ欄があり、インターネット上のニュースページにはスポーツに関するものが多く登場します。学校や職場ではスポーツの話題で盛り上がり、帰宅後はテレビのスポーツ番組やインターネット上のスポーツニュースを観ながら過ごす人も多いでしょう。休日の公園や運動施設は、心地よい汗を流す人で溢れています。

　このように、我々の身近には、スポーツに関連した事象がたくさん存在します。私たちの日常において、スポーツは大きな存在です。

　本書では、これら身近な題材を取り上げて、これからスポーツを学ぶ人たちの基礎教養となる体裁をとっています。本書で学ぶことはスポーツ分野はもちろん、他の分野においても役立つはずです。物事の企画、立案、実践は何事にも相通じます。

　では、将来スポーツ業界で活躍したいと考える人は、何をどうしたらいいのでしょうか。学校を卒業後に新卒でスポーツ業界への就職を狙うのもいいでしょう。自分の市場価値をより高めてから、狙うのもいいでしょう。まずは自身のスキル、ネットワーク力を高め、「私を採用したらプラスになる」「このスキルは誰にも負けない」という域に達すれば、どの業界でも活躍できるはずです。

　「日本再興戦略2016」（閣議決定、2016年）において、スポーツを成長産業とするために、スポーツ施設の収益性向上、スポーツ経営人材の育成、スポーツと他産業（IT、健康、観光など）の融合が挙げられました。現在はスポーツの成長産業化の大きなチャンスです。

　皆さんが本書を通じて自分なりの優れた視点、考える力を確立し、適応する業界で活躍されることを願っています。

柴岡 信一郎

目　　次

第1章　対人コミュニケーションⅠ

　ビジネス活動においてコミュニケーションは欠かせません。コミュニケーションとは「相手に伝えたいことを正確に論理的に分かりやすく伝えること」です。

1．コミュニケーションの重要性とその活用

　内容の優れた商品を安価で顧客に提供することができるにも関わらず、それを売る営業マンがコミュニケーション能力に乏しいと、売り上げは伸びないでしょう。同じように、優れた技術を持った人材も、コミュニケーション能力が欠如していたら、仕事の広がりは尻すぼみとなります。

　コミュニケーションの基本的な手法を学ぶことは商談、ビジネス交渉、上司・部下との連携など様々な場面において役立ちます。これらの手法は誰もが個人や組織を成功に導くことができます。

2．信頼関係の構築

　コミュニケーションを学ぶにあたって、まず前提となるのが人との信頼関係です。相手との信頼関係がなければコミュニケーションは深まらず、広がりません。

　この信頼関係は誠実さ、礼儀正しさ、素直さ、礼儀正しさ、服装、身だしなみ、表情、気配り、心配りなど様々な要素によって構築されます。これらを踏まえた上で、以降の「コミュニケーション5法」を学んでいきましょう。

3．相づち・くり返し・共感・承認・質問

　ここではコミュニケーションに関する5つの手法「コミュニケーション5法」を紹介します。

　コミュニケーションにおいて「聞く」ことは大切です。聞き上手な人はただ単に人の話を聞くのではなく、あなたの話を関心を持って真剣に聞いていますよ、

という姿勢を示し、話し手が話をしやすい環境を作り出します。そのような環境を作り出すのに有効な方法として「相づち」があります。私たちは相手の絶妙な相づちによって話が促進した経験があるでしょう。相づちは会話が円滑に進むための潤滑油となります。相づちは状況に応じて使い分けるいくつかの表現があります。「はい」「なるほど」は同意を表し、「そうですか」「すごいですね」は驚きを示します。「それで？」「それから？」は話を進める表現、「本当ですか？」「そうですか？」は疑問を呈する表現です。どの相づちも相手の話を弾ませる、引き出す効果があるので適材適所で用いましょう。

はい！
なるほど！

　次は「くり返し」です。これは会話で相手が話したキーワードを即座にくり返す方法です。相手が話したキーワードをおうむ返しすることで反応を示し、相手に傾聴していることを伝えます。

「おっしゃる通り、○○ですね」
「なるほど、○○ですか」

　次に共感と承認を紹介します。相手との信頼関係構築を図る手法の一つに、相手の感情に理解を示す「共感」があります。

Ａさん「いやー、毎晩遅くまで残業だから本当に疲れるよ。」
Ｂさん「本当に大変そうだね。」
Ａさん「周りの人にも少しは手伝ってもらいたいよ。私一人でやるには大変だからね。」
Ｂさん「なるほど、それは手伝ってもらいたいね。どうするべきか、一緒に考えよう。」

人は相手に共感されていると感じたら、安心して話を促進させます。また、共感を示すことで、相手の本音を読み取ることができます。

　次に、相手を賞賛・認知するコミュニケーション手法に「承認」があります。人は誰でも他人から認められたいという欲求を持っています。承認は、その人の存在・価値を認め、あなたのことを見ていますよ、という感情を伝えて信頼関係を築く手法です。注意したいのは、承認で「評価」ではなくありのままの「事実」を伝えます。プロ野球選手に「野球が上手いですね」、政治家に「政治力がありますね」とほめるのは何とも滑稽です。承認には次の例が挙げられます。

　　子供に対して「いつも勉強しているね」
　　子供に対して「いつも遅くまで部活動の練習をしているね」
　　同僚に対して「今日は青いネクタイをしているね」
　　部下に対して「いつも笑顔で仕事をしているね」

最後に「質問」を紹介します。
会話は相手に興味・関心を抱くことで広がりを持ちます。

　　Ａさん「いやー、色々と忙しくてね。」
　　Ｂさん「何が忙しいのですか？」
　　Ａさん「○○のプロジェクトリーダーになったから、連絡・調整業務で忙し
　　　　　　いよ。」
　　Ｂさん「リーダーは大変そうですね。」

　この例では、相手に興味、関心を抱き、これにより質問をしたことでＡさんはＢさんに情報を提供しました。加えて、この情報提供により会話がさらに進むことでしょう。質問は相手からの情報や本音を引き出すことができるとともに、会話を力強く促進させられる手法です。

　一方で、無機質な質問を続けることは「尋問」になってしまい、相手も警戒するので共感や承認を交えながら用いて会話を進めましょう。

第2章　対人コミュニケーションⅡ

1．グループワーク：プレゼンテーション、スピーチ

　プレゼンテーションやスピーチと聞くと、大勢の前で壇上に上がって話をする場面を想像する方が多いかもしれません。しかし、プレゼンテーションやスピーチはそのような大掛かりなものだけではなく、私達の身近な日常の中に存在するものです。職場や街中での立ち話や、居酒屋での会話、仲間内の雑談など、全てがプレゼンテーションでありスピーチなのです。ビジネスシーンでは、適切な情報を効率よく相手に伝えることが極めて大切ですが、それらのほとんどはプレゼンテーションやスピーチが担います。

　ここではプレゼンテーション、スピーチについて、グループワークで学びましょう。

（1）狙い
　効率的で訴求力あるプレゼンテーション、スピーチ法の習得

（2）手順
　・世界の著名なリーダー数名のスピーチ映像を視聴

・3～4名のグループに分かれる

・グループごとに数名のスピーチについて長所、短所をまとめる

・グループごとにまとめた意見を発表

・全員で共通した意見を検証

（3）スピーチの長所、短所のチェック項目

力強さ、熱意、丁寧さ、愛嬌、親近感、口調、見た目、場所など

数名のスピーチについて長所、短所をまとめましょう。

グループごとの意見をまとめましょう。

　グループごとにまとめた意見を発表する中、各グループで共通した長所、短所
を検証しましょう。

　複数の共通した意見が出ると思われますが、おおよそ、これらが理想的なスピー

チの特性と合致するでしょう。長所は尊重し、短所には気を付ければ、自ずと理想的なスピーチの在り方が見えてきます。

2．グループワーク：ディベート

ビジネスシーンでは相手の意見を尊重しつつ、自分の考えを明確に相手に伝えなければなりません。また、どんなに良いアイディアや情報を持っていても、それが相手に伝わらなければ宝の持ち腐れです。

そこで、本項ではディベートを学びましょう。ディベートは、「あるテーマについて肯定派、否定派に分かれて、同じ持ち時間で立論、尋問を行い、その優劣を第三者に委ねるゲーム型の競技」です。その際、参加者は理論的で説得力ある話をしなければなりませんが、これこそがディベートの狙いです。ディベートは理論的な考え方の基に、表現力の優れたコミュニケーション能力を養うことを目的としているのです。また、たくさんの意見や考え方に触れることで幅広い視野が身に付きます。

（1）狙い

論理的思考力、論理的表現力、意思決定力、問題発見・解決力、リーダーシップ力、情報処理力、会話力、協調性等の養成

（2）手順

・テーマの発表
・自分の意見をメモする（5分間程度）
・肯定派、否定派グループに分かれる（グループ数は2以上でも可）
・グループごとに意見をまとめる
・グループごとに発表、討論
・採点員による評価を発表

（3）テーマの例

・学生、生徒を廊下に立たせてよいか
・授業での号令「起立、礼、着席」は必要か

- ・学校の制服は必要か
- ・ジェットコースターに乗るのは無駄な事か
- ・女性の喫煙はよいか
- ・友人は多い方がよいか、少ない方がよいか
- ・スポーツの商業化はよいか

（4）確認事項

言い争いではなく、意見を表明し、相手の意見を尊重して聞くトレーニングの場です。感情的にならないように気を付けましょう。

（5）判定

判定の集計により肯定派、否定派グループの勝敗を決めます。

立論	1 2 3 4 5
反論、質問	1 2 3 4 5
積極性、協調性	1 2 3 4 5
総合	1 2 3 4 5

３．グループワーク：リーダーシップ

社会人になると多くの人が、大なり小なりのリーダー経験を有します。本項では、組織運営や販売促進に活用できるリーダーシップについて考えましょう。

（1）狙い

リーダーを目指す人はリーダーシップの在り方、それ以外の人は、自分が支える仕えるリーダーとはどのような人なのかを学びましょう。

（2）手順

- ・各自リーダーの特徴を列記
- ・3〜4名のグループに分かれる
- ・グループごとに意見をまとめる
- ・グループごとにまとめた意見を発表
- ・全員で共通した意見を検証

あなたの周りの「リーダーシップがある人」「リーダーシップを発揮している人」を思い起こして、どのような点によってそう思うのか、どのようなタイプの人たちなのか、その特徴を列記しましょう。

　　例：情熱的、安心感がある、明るい

```
```

　　グループごとの意見をまとめましょう。

```
```

　グループごとにまとめた意見を発表する中で、共通した意見を抜き出して検証しましょう。

```
```

　複数の共通した意見が出ると思われますが、おおよそ、これらの意見が理想的なリーダー像、リーダーの在り方と合致することでしょう。

4．グループワーク：売れる営業マン、売れない営業マン

　今日、文系大学新卒者の就職先の半数以上が営業職と言われています。全社会人における営業職の割合も高いと推測されます。

　ビジネスの最前線で物、サービスを売る仕事である営業職には当然、さまざまなコミュニケーション能力、対応力が求められます。ここでは「売れる営業マン、売れない営業マンの特徴」（著者によるアンケート調査、被験者数社会人41名、2016年）を列記します。自身に置き換えて考え、自身に足りているもの、足りていないものを客観的に考える機会にしましょう。

売れる営業マン

(1)　清潔感がある

(2)　明るい（笑顔）

(3)　相手の立場を踏まえる、理解しようとする（相手目線、相手主体のコミュニケーション）

(4)　聞き上手

(5)　批判をしない

(6)　幅広い分野の会話

(7)　相手の意見を受け止める（受け止めた上で発言、相手を認める）

(8)　ポジティブ会話

(9)　間合い上手（押し過ぎず、引き過ぎず）

(10)　商品理解が出来ている

(11)　謙虚

(12)　気が利く（目配り気配りが出来る）

売れない営業マン

(1)　清潔感がない

(2)　暗い（無表情）

(3)　自分の話ばかりする（自分中心の会話）

(4)　得意分野（専門分野）しか話せない

(5)　商品説明ばかりする

（6）　会話のネタが少ない

（7）　相手の話を聞かない

（8）　自分主体のコミュニケーション

（9）　相手の発言を遮り発言

（10）受け止める度量がない

（11）不要なプライドを持つ

（12）聞きたくもない説明が多く長い

（13）考えが纏まっていない

（14）悪口（批判）をする

（15）ネガティブ会話

（16）職人気質

（17）威張る、謙虚さなし

（18）形式に囚われ過ぎる（柔軟性が無い）

（19）相手の情報を持っていない

　続いて、民間会社による営業マン1500名を対象としたアンケート調査「今の自分の仕事に必要だと思うスキル」（㈱リクルートキャリア、2012年）では下記が挙がりました。このデータも自身の現状を冷静に確認するきっかけとなるでしょう。

（1）　課題発見力　　　　　　　11.4％

（2）　ヒアリング力　　　　　　11.4％

（3）　対人コミュニケーション力　8.7％

（4）　情報収集力　　　　　　　8.4％

（5）　ロジカルシンキング力　　7.2％

　以上2つの調査結果を踏まえて、あなた自身の資質として足りているもの、足りていないもの、また足りていないものを今後どのように補い、克服していくのか考えてみましょう。

第3章　マーケティング

1．マーケティングの重要性

　今日、百貨店の電化製品や家具、衣類、日曜雑貨コーナーには高品質で素晴らしい機能を持った製品が所狭しに並んでいます。どの産業にせよ、高品質のサービスを販売することは当たり前のことです。では良い商品を作れば売れるのかというと、必ずしもその通りではありません。良い商品を作っても、客に知ってもらわなければ意味がありません。客が知らなければ無いに等しいのです。良い商品を作った会社よりも、商品の存在を客に伝えること（宣伝、ＰＲ）が上手い会社の商品の方がよく売れるのが現実です。

　また、どんなに良い商品であっても客が必要としているものでなくてはいけません。ニーズが無い商品は売れません。よって、商品を売るにあたっては、商品の様々な要素を考察して販売促進を促す「マーケティング」が重要なのです。

　マーケティングの定義は、「商品の販売やサービスなどを促進するための活動」であり、市場動向に加えて、製品・価格・広告・販売・経路などを横断的に調査することも含まれます。

2．売り手・買い手の視点

　マーケティングを学ぶにあたって、「マーケティングの４Ｐ」と呼ばれる４つの基本項目について理解しましょう。この４つの項目が複合的に絡み合って、商品が売れるか売れないかが決まります。

　（1）　内容（Product）
　（2）　流通（Place）
　（3）　価格（Price）
　（4）　販売促進（Promotion）

「内容」は量や品質・特徴、「流通」は輸送や在庫・店舗の立地・品揃え、「価格」は価格・支払い期限、「販売促進」は広告や店舗販売・接客・パブリシティー等を意味します。

　マーケティングでは、この4項目を考慮した上で、ターゲット（顧客）に合わせた適材適所の商品を作り販売します。

　例えば、男性客が多い競艇場内に女性用化粧品の広告看板が掲げられることは無いでしょう。中学・高校生向けの漫画雑誌に高齢者向け介護製品の広告が載ることは無いでしょう。また、スキー・スノーボードの広告は夏季に見られず、冬季のシーズン到来とともに見られます。

　誰にどのような商品を売るかによって、売り手は商品の内容、販売する場所、価格、品揃え、販売促進を考えます。

　一方、買い手の視点としては、「マーケティングの4Ｃ」があります。

（1）　価値（Customer Value）

（2）　コスト（Cost）

（3）　コミュニケーション（Communication）

（4）　利便性（Convenience）

　「価値」は顧客にとっての商品価値、「コスト」は価格・割引率、「コミュニケーション」はアフターケア・保障・商品情報・販売員の対応力、「利便性」は入手しやすさ・店舗へのアクセス等です。

　商品を売るには売り手・買い手、双方の視点を持っておく必要があります。

3．20：80の法則と経営戦略

　組織（会社、学校、チームなど）を運営するには経営戦略が必要です。マーケティングは「戦術」であり、経営にはこれとは別に大方針である「戦略」が必要です。どのように経営していくのかという経営戦略を考える上で、「20：80の法則」を紹介します。

（1）　得意客上位20％がお店の売り上げの80％をもたらす。

（2）　市場規模の80％は売り上げ高上位20％の会社が占める。

（3）　上位20％のできる職員が会社の売り上げの80％を稼ぐ。

　上記は20：80の法則の代表例です。（2）によると、売り上げ高上位20％の会社以外はほとんど儲からないことになります。市場規模の20％を大多数の会社が奪い合っているのです。これではほとんどの会社が儲かるはずがありません。

　例えば、伸びている市場とはいえ、既に確固たる勢力がいる市場に参入することは容易ではありません。

　一般には「市場規模が大きいほど儲かる」「大きな市場を狙え」という定説がありますが、必ずしも額面通りではないのです。

　経営戦略では、自身が上位20％になれる市場を探すことが重要です。小さい市場規模であっても、シェア率（占有率）を高めて売り上げを伸ばし、その市場の独占企業を目指したいものです。

4．商品の差別化

　良い商品を作り、その商品の存在が客に上手く伝われば売り上げは伸びるでしょう。では、高品質の良い商品がたくさんある中で、自身の商品が売れるようにするにはどうすればよいのでしょうか。その一つが他の商品との「差別化」です。差別化には主に3種があります。

（1）　物理的な差別化……量、性能、デザイン、機能、耐久性など

（2）　イメージの差別化…ブランド、ネーミング、色、形など

（3）　サービスの差別化…アフターサービス、保証、店員の対応など

　物理的な差別化のうち、「量」「デザイン」の例として、即席ラーメンが麺の量に加えて容器の大きさを大きくしたことで売り上げを伸ばした事例があります。客は一見のイメージで大きな製品に惹かれたと考えられます。

　販売促進においては、サービスの差別化の「店員の対応」も大切です。どんなに優れたマーケティングを行ったとしても、客との直接的な接触の対応を誤ってしまっては元も子もありません。

また、どの商品も横並びの内容、価格の場合、「ブランド」力は大きな差別化となります。人は見ず知らずの商品よりも、知っているブランド名や商品名に親近感を持ちます。これが購入の決め手となるでしょう。

５．ターゲティング

　ターゲティングでは、客となるターゲットに狙いを定めた上で販売促進を行います。効率的に市場にアプローチするためには、年齢や性別、地理、ライフスタイルなどで客層を区分して、ターゲットを絞り込むことが有効です。

（1）無差別形マーケティング
　全ての客層に対して販売促進を仕掛けます。間口が広いので反響は大きいが、商品に興味が無い層にも販売促進を仕掛けることになるので宣伝費が掛かり、効率が悪いのが難点です。

（2）差別形マーケティング
　客層を差別して効率的なマーケティングを行います。客層によって用意する商品を変えるので効率的な販売促進が可能です。この手法は、多数の客層種別に対するので、多数の品揃えをする必要があり、資金力がある企業だけが実施できる手法です。

（3）特化型マーケティング
　特定の客層に絞って販売促進を仕掛ける手法です。資金力が無くても、特化した少数の商品ラインナップで効率的なマーケティングで活路を見出します。

６．購買の心理

　客がどのようにして商品を知り、購買に至るのかを考察することで、適切な商品の陳列方法、接客方法、広告の出し方、ニーズに合った商品開発が可能になります。客が購入に至るには、どのようなプロセスがあるのでしょうか。
　ここではAIDMA（アイドマ）の法則を紹介します。
　第1段階　Attention（注意）…商品に注意をひかれる
　第2段階　Interest（興味）……商品に興味を持つ

第3段階　Desire（欲求）……商品が欲しくなる

第4段階　Memory（記憶）…商品を記憶する

第5段階　Action（行動）……商品を購買する

　客は商品に注意をひかれ、興味を持ち、欲しくなり、記憶した上で購買に至ります。

　売り手としては、常にこの一連のプロセスをスムーズにしておくことが重要です。客に商品への興味を持たせることができたら、問い合わせや資料請求、来店がしやすいようにしておきます。反対に、せっかく注意をひかせて（第1段階）、興味を持った（第2段階）にもかかわらず、問い合わせ方法が分かりにくかったり、問い合わせ対応を失敗したら購買に至るプロセスは断ち切られてしまいます。

　世間での認知度も高く良い商品であるにもかかわらず売り上げが低迷している場合は行動（第5段階）に問題が有ると思われます。良い商品であり、常連客も多いにもかかわらず新規客が少なく売り上げが伸びない場合は注意（第1段階）、興味（第2段階）が不足しています。

　第1〜4段階は広報・宣伝によりますが、行動（第5段階）はマーケティングの4Pのうち立地・価格が大きく影響します。

　このように購買の心理を分析することで、販売促進策の長所、短所が明らかになります。

7．フィットネスクラブ市場の事例

　ここでは、マーケティングの事例としてフィットネスクラブを取り上げます。フィットネスクラブは1960年代に広がりを見せ、1970年代のテニス・スイミング、1980年代のエアロビクスダンスブームに乗って順調に発展してきました。1980年代後期のバブル景気の時代には、全国的にフィットネスクラブの出店が相次ぎ、市場規模は拡大しましたが、企業間競争も激化しました。バブル景気崩壊後には店舗の統廃合が進み、これに併せてフィットネスクラブ業界の市場規模も足踏み状態となりました。

民間フィットネスクラブの市場規模

	2011年	2012年	2013年	2014年	2015年
売上高（億円）	4,095	4,124	4,240	4,316	4,381
伸び率（％）	▲1.1	0.7	2.8	1.8	1.5

民間フィットネスクラブの施設数

	2011年	2012年	2013年	2014年	2015年
施設数	3,745	3,945	4,163	4,375	4,661
伸び率（％）	4.8	5.3	5.5	5.1	6.5

『フィットネスビジネス』編集部調査より引用

　表を見ると、市場規模は微増ですが、クラブ数は大きく増えていることが分かります。その要因は、2006年頃から開店ラッシュが始まった女性専用の小規模クラブです。小規模クラブは客単価が低いので、確実に収益が見込める立地、環境での出店の見極めが今後の課題となります。

　フィットネスクラブ市場は2018、2019年に市場規模過去最高を記録したとされています。市場規模は成長を続けていますが、その内容は近年のプール、風呂無し施設、セルフサービス施設、30分間利用限定施設、ヨガ専用施設など小規模クラブの急増に支えられています。1クラブごとの売上高、客単価は減少しているのです。

　一方で、元々市場をリードしてきた大手フィットネスクラブは新興勢力である小規模クラブに対抗して小規模クラブが行っているメニュー、プログラムを導入したり、自治体、企業との協業により高齢者健康作り事業、介護予防事業へ積極的に進出するなどしています。

　また、このようにフィットネスクラブ市場が安定して推移する理由には、一貫して社会の動向に合わせて柔軟な事業展開を図ったことが挙げられます。フィットネスクラブは1990年代以降、会員の種別を増やすことで会員数を増加させます。それ以前の会員は、開店から閉店までの時間帯が毎日利用可能な一律の月会費でしたが、その後、平日の昼間限定会員や土日限定会員、90分間会員、利用施設限定会員など、安価な会員種別を増やしました。会員種別ごとに会費を設定することで、顧客獲得の間口が広がりました。一人あたりの会費収入は減少し、客単価

も下落するものの、会員数の増加により収入を確保したのです。

　次に、フィットネスクラブは客層を時間帯により、主に午前から夕方までの主婦層、夕方にプールやスタジオでレッスンを受ける児童層、夜間の社会人層の3つに分類しました。これにより、施設を遊休させることなく、営業時間中に効率良く客層を3回転させることができます。

3つの客層

時間帯	主な客層
午前～夕方	主婦層
夕方	幼児、児童層
夜間	社会人層

　加えて、これらの客を「飽きさせない」施策が重要です。フィットネスクラブ各社はランニングブームに乗ってマラソン大会参加ツアーやお花見企画、名所巡りツアー、クラブ内でのサークル活動など、客を飽きさせないプログラムを多数設定しています。客を飽きさせない施策として、客同士の語らいの場、交流の場となるラウンジを設置しているフィットネスクラブが多く見られます。欧米諸国と比べると日本人は健康志向が強く、同時にスポーツを通じた人との交流を好むことが分かっています（『スポーツ白書2010』ＳＳＦ笹川スポーツ財団、2001年）。よって、客同士の交流の場の設置は大切なのです。年間に、会員の30％が退会し、30％が入会するとされるフィットネスクラブ市場では新規客の獲得が大切ですが、現有の会員を飽きさせず退会を防ぐ施策も経営上極めて重要です。

　市場規模を順調に伸ばしているフィットネスクラブ市場の各社は、時代の流れ・流行を取り込み、それに応じて臨機応変な新たな展開を図っているのです。

　フィットネスクラブ市場では次々に新しいプログラムが開発され、顧客を飽きさせない工夫がなされます。例として下記のキーワードが挙げられます。

　非日常、爽快感、連帯感、達成感、楽しさ、プライベート感

　こうしたキーワードを基にして顧客を引き付けます。これにより顧客個人、顧客同士のコミュニティー作りが促進され、会員継続、退会防止につながります。

これらを実践するにあたって、次のカテゴリーの中で次々に新しいプログラムが生み出されます。

エアロビクス、ダンス、ヨガ、ピラティス、筋力トレーニング、リラクゼーション、格闘技、水中運動

そして、これらを組み合わせたプログラムがさらなる新しいプログラムとして登場します。

プログラムA　＋　プログラムB　＝　プログラムC

プログラムでは平日と土日祝日、昼間と夜間ごとに需要に応じて時間、運動強度、場所、定員、指導者を柔軟に組み立てます。これは各サービス産業における顧客マネジメントの良好な事例となります。

日本の総人口が減少する中で、フィットネスクラブ市場は他業界からの参入や類似のサービスも考えられることからも、さらなるサービス内容の向上、新サービスの開発が永続的に求められます。

8．データの活用

前述（3章1項）ではマーケティングについて「商品の販売やサービスなどを促進するための活動」と定義しました。どの業界、産業でもビジネスを行う際に重要なことの一つにマーケティングがあり、その根拠となるのが「データ」です。漠然とした自己の勘だけでビジネスの施策を進めると危険が伴います。そこで、現実であり、客観的なデータを活用することで効率的で危険の少ないビジネスが可能となるでしょう。

ここでは活用できるデータの例を挙げます。

①都道府県別人口推計　　　　　　　　　　　　　　　　　　　　（単位：人）

	2015年	2020年	2025年	2030年	2035年	2040年	2045年
全国	127,095	125,325	122,544	119,125	115,216	110,919	106,421
北海道	5,382	5,217	5,017	4,792	4,546	4,280	4,005
青森県	1,308	1,236	1,157	1,076	994	909	824
岩手県	1,280	1,224	1,162	1,096	1,029	958	885
宮城県	2,334	2,296	2,227	2,144	2,046	1,933	1,809
秋田県	1,023	956	885	814	744	673	602
山形県	1,124	1,072	1,016	957	897	834	768
福島県	1,914	1,828	1,733	1,635	1,534	1,426	1,315
茨城県	2,917	2,845	2,750	2,638	2,512	2,376	2,236
栃木県	1,974	1,930	1,873	1,806	1,730	1,647	1,561
群馬県	1,973	1,926	1,866	1,796	1,720	1,638	1,553
埼玉県	7,267	7,273	7,203	7,076	6,909	6,721	6,525
千葉県	6,223	6,205	6,118	5,986	5,823	5,646	5,463
東京都	13,515	13,733	13,846	13,883	13,852	13,759	13,607
神奈川県	9,126	9,141	9,070	8,933	8,751	8,541	8,313

国立社会保障・人口問題研究所「日本の地域別将来推計人口」より引用

②鉄道駅乗降客数　　東武東上線

2018年度1日平均　　　　　　　　　　　　　　（単位：人）

1	池袋	482,804
2	和光市	179,724
3	朝霞台	162,963
4	川越	126,508
5	志木	105,694

東武鉄道株式会社ホームページより作成

③外国人訪日客数

2000年 （単位：人）

1	韓国	1,064,390
2	台湾	912,814
3	米国	725,954
4	中国	351,788
5	香港	243,149
	計	4,757,146

2019年 （単位：人）

1	中国	8,133,209
2	韓国	5,131,596
3	台湾	4,150,231
4	香港	1,841,448
5	米国	1,430,370
	計	26,914,347

日本政府観光局「日本の観光統計データ」より作成

④外国人訪日客　都道府県別訪問率

2011年 （単位：%）

1	東京都	51
2	大阪府	25
3	京都府	17
4	神奈川県	12
5	福岡県	10

2018年 （単位：%）

1	東京都	46
2	大阪府	37
3	千葉県	36
4	京都府	26
5	福岡県	10

日本政府観光局「日本の観光統計データ」より作成

⑤サッカーＪリーグＪ１　チーム別営業収益

2018年度　　　　　　　　　　　　　　　　　　（単位:億円）

1	ヴィッセル神戸	96.7
2	浦和レッズ	75.5
3	鹿島アントラーズ	73.3
4	川崎フロンターレ	60.7
5	名古屋グランパス	54.9
：	：	：
17	ベガルタ仙台	26.9
18	Ｖファーレン長崎	23.2

日本プロサッカーリーグ「2018年度クラブ経営情報開示資料」より作成

⑥国内スポーツメーカー企業　売上高　　　　　　　　　（単位:億円）

	社名	売上高	営業利益	国内売上高
1	アシックス	3,867	105	1,004
2	ミズノ	1,781	76	1,245
3	デサント	1,424	84	568
4	グローブライド	878	38	527
5	ゴールドウィン	849	118	825

各社ホームページ公開財務（2018年12月または2019年3月決算）、「WWDジャパン」（INFASパブリケーションズ）、「Apparel Business Magazine」（繊維流通研究所）などより作成

⑦大学生生活実態　1か月の収入　　　　　　　　（単位:円）

	自宅生	下宿生
小遣い・仕送り	12,780	71,500
奨学金	11,060	20,530
アルバイト料	40,920	31,670
定職	240	470
その他	2,750	3,110
収入計	67,750	127,280

第54回学生生活実態調査（全国大学生活協同組合連合会、2018年11－12月）より作成

第4章 企業スポーツとプロスポーツ

1．企業スポーツの現状

　企業スポーツ、実業団スポーツは欧米ではあまり見られない日本特有のシステムです。そして、このシステムが日本のトップスポーツを支えてきました。

　　皆さんは企業スポーツについてどのようなイメージを持っているでしょうか。企業が余剰資金を使って運動部を所有しているというイメージが一般的かもしれません。企業が運動部を持つと、メディアに名前が出ることによる企業のイメージアップ・知名度アップ、いわゆる宣伝広告としての位置付けや従業員の士気高揚、一体感の醸成、といったメリットがあります。ただ、こうした位置付けだと企業の経営が傾き始めると真っ先に切られてしまう可能性があります。実際にバブル経済（1987－91年、株価と土地建物資産額が高騰）崩壊後、今日に至るまで、企業スポーツを取り巻く環境は常に不安定な現状にあります。

　企業が所有する実業団チームの運営経費は当然、企業の売上げによる利益でまかなわれます。企業は売上高に応じて税金を支払う必要があるため、運動部の運営費を「福利厚生費」として計上することで、税金対策としてきました。さらに、運動部を所有することは宣伝広告の意味合いもあるので一石二鳥なのです。これが企業が実業団チームを所有する大きな理由です。

（1）　宣伝
（2）　税金対策
（3）　社会貢献
（4）　社員の士気高揚

　ところが、企業の利益そのものが減少すると、運動部を所有する余裕は無くなり、同時に税金対策をする意義も無くなってしまいます。企業スポーツは企業本体の動向に大きく影響されるというのが宿命です。

企業スポーツは1990年代に入ってから休部、廃部、規模縮小が続きました。社会人野球では1960年代に約230の企業チームがあり、都市対抗大会、日本選手権は盛り上がりを見せていましたが、現在では90チームまで減少してしまいました。

バレーボールでは2000年前後に日本リーグ、Ｖリーグに所属してきた多くの名門、強豪チームの廃部が相次ぎました。

近年は人件費がかさむ団体競技から、世界で戦える個人選手への支援が優先される動きも見られます。

景気の良い時は企業が生活と練習環境の保障をし、スポーツ界はその恩恵にあやかっていましたが、景気の悪化で休部、廃部、規模縮小が続くと、高卒、大卒の一部の有望な即戦力選手だけしか採用されなくなります。発展途上や埋もれている人材の発掘は難しくなり、また、選手としても早い段階で実績を挙げないと競技を続けることが難しくなります。企業スポーツは非常に厳しい状況にあります。

企業にとって、宣伝広告、税金対策であった実業団チームを、企業にとっても、応援する人々にとっても魅力あるチームにしていかなければ、我が国特有の企業スポーツ文化が縮小してしまう危機にさらされます。今日、企業スポーツは自ら新たな価値創造が求められます。

2. 企業スポーツの形態

低迷が続く企業スポーツの打開策を探ってみましょう。企業の業績に大きく左右される企業スポーツの不安定な側面の打開策の一つとして、一つの企業が一つのチームを持つという発想を捨てることがあります。チーム形態の例として下記が挙げられます。

（1）　企業チーム
（2）　クラブチーム
（3）　複数企業支援型チーム

プロにせよ社会人にせよ、団体競技のチームを所有することは多数の選手、スタッフを抱えなければならず、それだけ必要経費がかさみます。そこで複数の企業で一つのチームを所有する「複数企業支援型」のチームが見られるようになりました。

　一企業による所有のチームの場合、その企業の持ち物になってしまうので、他社や地域、自治体は支援しにくい場合があります。ところが、複数企業支援型のチームや、企業名ではなく地域名を名乗るチームならば、複数の地元企業や自治体が応援しやすくなります。一企業の縛りを無くすことで、支援体制や活動範囲が広がりやすくなるのです。こうした事例は様々なスポーツで見られます。

　2000年代初頭の景気低迷でスポーツ業界に関わらず、社会の雇用形態は大きく様変わりしました。正社員を少なくして、なるべく嘱託職員、契約職員、パートタイマー、アルバイトで賄おうという企業が多くなっています。スポーツ選手においても終身雇用ではなく、一年毎の契約社員や年俸制を導入して総体的な人件費を切り詰め、リスクを軽減するのは当たり前になっています。企業チーム選手に対する調査で、雇用形態は正社員契約が男子60％、女子45％、年収は男子449.5万円、女子274.5万円となっています（『スポーツ白書』笹川スポーツ財団、2011年）。よって、企業チーム選手の労働実態は、一般的な社会人と大きな差が無いことが分かります。

　雇用については色々な形態が考えられるでしょう。例えば、出来高制では、基本給を低く設定して競技成績によって報奨金、ボーナスを支払うということも考えられます。そうなると雇用された選手はある程度の試合数と成績を残さなければなりません。よって、怪我や不調で試合に出ない期間が続くと給与の面で自分自身に降りかかってきます。一方で、安定した固定給を望む選手も居るでしょう。その場合は競技へのモチベーションの維持が課題となります。

　企業がチームを丸抱えする企業スポーツは日本固有のものであり、我が国のスポーツ文化の振興に寄与してきた実績は絶大です。一方で、一企業の上層部の意向によってその方向性が左右されるという不安定な組織体であるために、どのように自立するかが模索され続けてきました。景気低迷の状況下で、企業にとっては年間数億円の運営費が負担になるというよりも、社内における「経費削減の象徴」としての廃部が多いのは残念なことです。

　企業スポーツが興隆した1950－60年代から半世紀以上が経ちました。半世紀前

と比べると娯楽が増え、価値観が多様化した今日、企業スポーツは「社会になくてはならない公共財産」としてＰＲ活動を自ら展開して、その存在をより確かなものにして欲しいものです。これが企業スポーツの活路となります。

３．産業とスポーツの結び付き

　戦後、日本の経済成長は鉄鋼業、紡績業、機械産業の成長と共に歩んできました。企業スポーツの歴史を振り返ってみると、必ずその時代に発展した産業のチームが強くなります。資金面、環境面で恵まれるので必然の結果と言えます。産業とスポーツは結び付いているのです。

　陸上競技では昭和の中頃までは鉄鋼業、繊維産業であるリッカーミシン、日立などが名を馳せました。これらのチームは多くの選手を抱えていました。パソコン時代が到来した1990年代後半からは、大手パソコンメーカーである富士通が実績を残しました。オフィス機器を扱うコニカミノルタは駅伝の強豪チームになりました。当時の景気低迷の状況では消費者金融業も陸上競技やバレーボールに進出しました。そして、インターネット周辺産業が隆盛してからは2013年にインターネットサービス企業のＤｅＮＡ、2016年にはＧＭＯインターネットがそれぞれ陸上競技部を創部しました。

　参加チームの構成が一部の産業に偏ると、その産業が傾き始めると深刻な事態になるので、幅広い分野の企業が企業スポーツに参加することは好ましい状況です。

　プロ野球を例にとってみると、戦後、映画産業の全盛期には大映、東映フライヤーズがありました。その後、昭和年間を通じて、鉄道産業が多くの球団を所有する時代が続いてきました。国鉄スワローズ（1950－65）、阪急ブレーブス（1947－88）、南海ホークス（1947－88）、近鉄バファローズ（1950－2004）、西鉄ライオンズ（1951－72）、西武ライオンズ（1979－）などです。現在、世界中でクジラ漁は制限されていますが、クジラ漁が盛んだった頃には捕鯨会社が大洋ホエールズ（1950－92）を所有していました。その後、2005年シーズンからＩＴ産業の大手のソフトバンク、楽天、2012年シーズンからインターネット、ゲーム業界大手

のＤｅＮＡが加盟しました。

　このような歴史からも、プロスポーツはその時代に発展している産業の企業が
リードしていくという構図は今も昔も変わりません。

4．プロスポーツの新しいビジネスモデル

　2004年から2005年にかけて、プロ野球は新規参入問題により大きく揺れ動きま
した。結果として宮城県に新球団・東北楽天ゴールデンイーグルスが、福岡県に
はダイエーホークスを引き継いだソフトバンクホークスがそれぞれ誕生しました。

　プロ野球の球団経営による赤字は従来、親会社の「宣伝広告費」として位置付
けられてきました。したがって、親会社のＰＲ活動の一環であるので赤字を出し
ても許される風潮があります。

　ところが、最初のシーズン（2005年）を戦い終えた楽天はさまざまな工夫を凝
らして、初年度に5000万円の黒字を出しました。最初のシーズンにあたり、まず
楽天が力を注いだのが健全な財務状況の維持と地域密着の活動です。経費削減の
為に人件費を抑え、地元住民によるボランティアを多数動員しました。市民ボラ
ンティアの動員は市民参加型の球団経営を目指す上で、地域との一体感を生み出
す有効な手段です。また、学校訪問、講演会、野球教室の開催を積極的に展開し
た他、協賛企業もなるべく地元企業を優先するなどして地域との繋がりを構築し
ていきました。

　また、楽天の球団運営で特筆されるのが、常にファンの視点に立っていること
です。ファンを喜ばせるエンターテイメント業であることを念頭にさまざまな演
出を試みました。試合前にファン参加型のゲームやコンサート、写真撮影会を実施、
レディースデーやファミリーデーを設けるなどファンサービスに努めました。

　赤字体質が蔓延していたプロ野球界で、楽天はわずかながらも黒字を出し、球
団経営の成功モデルを提示したことで、プロ野球界に一石を投じた意義は大きい
ものでした。

　他方、国内第二のプロリーグであるサッカーＪリーグは、1993年に10チーム
でスタートし、創設20年後の2013年には40チーム（Ｊ1が18、Ｊ2が22チーム）
となります。2014年からはＪ3がスタートし、2020年は58チーム（Ｊ1が18、Ｊ
2が22、Ｊ3が18チーム）体制となっています。

人気面（観客動員、広告収入など）ではＪリーグスタート直後のブームが去り、一時期の低迷がありましたが、2000年代に入り持ち直しました。

　Ｊリーグは標榜する「地域に根差したスポーツクラブ」として、各チームが地元住民、行政、民間企業と協力し合って自立したスポーツ文化を創り出し、地域のシンボルとなっています。こうした体制はバレーボールやバスケットボールなどその後の各スポーツのプロ化推進の最良のモデルとなりました。

　その他のプロスポーツには、2005年に6チームで始まったバスケットボールＢＪリーグがあります。各地からの参加が相次ぎ、2009年には13チーム、2014年には22チームになりました。ＢＪリーグのチーム数拡大には、比較的安価なチーム運営費、地域を前面にしたＰＲによる地域振興への寄与によって地域からの支援が受けやすい、野球やサッカーと比べて一チームあたりの選手数が少なくて済む、などの理由が挙げられます。

　その後、ＢＪリーグはＮＢＬ（ナショナルバスケットボールリーグ）と発展的に統合して、2016年にＢリーグが発足。Ｂリーグは発足時から36チーム（Ｂ1が18チーム、Ｂ2が18チーム）で構成され、エンターテイメント性を追求し、各チームは地域に根差したクラブとして歩んでいます。

5．大学スポーツ協会の設立

　日本では中学校の日本中学校体育連盟、高校の全国高校体育連盟が競技間を横断する統括団体として機能しています。ところが、大学スポーツにはこれまでこうした団体が存在せず、部活動は各競技団体、大学が個々で運営を行ってきました。米国では1910年に全米大学スポーツ協会（ＮＣＡＡ）を設立して各部にさまざまな支援を行ってきた歴史があります。

　こうした状況を踏まえて、2017年に日本版ＮＣＡＡ創設に向けた学産官連携協議会の発足、2018年に大学スポーツ協会設立準備委員会の発足を経て、2019年に大学スポーツ協会（ＵＮＩＶＡＳ）が設立されました。大学スポーツ協会の設立により、学業、安全面の充実の他、スポンサー制度によりスポーツの経済価値拡大、商業化が期待されます。これは日本のアマチュアスポーツにおいて画期的な制度となります。

第5章　スポーツと地域社会

1．NPO法人

　企業の経営悪化が進むと、それに応じて運動部の休部、廃部が検討されます。所属チームが無くなってしまった選手は他チームへ移籍するか、選手生活を断念せざるを得ません。個人競技の場合は、選手生活を続けるために単独で新たな環境を探すことも出来ますが、複数の人員と多くの経費が掛かる団体競技の場合は、受け入れ先を探すことは極めて難しいのが実情です。今日、日本固有の「企業スポーツ」のあり方そのものが問い直されています。

　ここで取り上げるのは、企業に依存してきた日本のスポーツ界で、起爆剤となっているNPO法人によるスポーツ事業です。

　1998（平成10）年に「特定非営利活動促進法」が施行され、非営利活動を行う団体が法人格を持てるようになりました。この団体は一般的に「NPO法人」（NPO＝Non-Profit Organization）と呼ばれ、正式には「非営利活動法人」（以下、NPO法人）とされています。

　NPO法人は下記に該当する活動で、不特定多数のものの利益に寄与することとされています。

　(1)　保健、医療又は福祉の増進を図る活動

　(2)　社会教育の推進を図る活動

　(3)　まちづくりの推進を図る活動

　(4)　学術、文化、芸術又はスポーツの振興を図る活動

　(5)　環境の保全を図る活動

　(6)　災害救援活動

　(7)　地域安全活動

　(8)　人権の擁護又は平和の推進を図る活動

　(9)　国際協力の活動

（10）男女共同参画社会の形成の促進を図る活動

（11）子どもの健全育成を図る活動

（12）情報化社会の発展を図る活動

（13）情報科学の振興を図る活動

（14）経済活動の活性化を図る活動

（15）職業能力の開発又は雇用機会の拡充を支援する活動

（16）消費者の保護を図る活動

（17）前各号に掲げる活動を行う団体の運営又は活動に関する連絡、助言又は援助の活動

　非営利活動促進法の条文によると、「ボランティア活動をはじめとする市民が行う自由な社会貢献活動としての特定非営利活動の健全な発展を促進」させることを目的としています。

　また、「特定の個人又は法人その他の団体の利益を目的として、その事業を行ってはならない。」と謳っています。

　しかし、利益を上げてはいけないというわけではなく、上記のように特定の人や団体の利益を目的としていなければ、利益を上げることができます。その際、収益は株式会社のように株主に分配することは出来ず、事業の促進につながる使い方をしなければなりません。例えば、スポーツのＮＰＯ法人であれば、収益を送迎用車両の購入費や、施設を充実、指導者研修に充てます。

　また、実際に事業に携わる社員に給与を払うことができます。役員報酬の支払いも可能です。非営利とはいえ完全な無給のボランティアでは事業が成り立ちません。よって、適正な料金を徴収し、その金額に見合うサービスを提供します。

　ＮＰＯ法人になった場合は義務が派生します。定款や役員名簿、設立趣意書、年度毎の事業報告書・決算報告書を所轄の都道府県に提出しなければなりません。正式認可前にこれらの書類は縦覧されます。

　全国的にボランティア活動が活発化する中で、税制面での優遇もあるＮＰＯ法人は、今後ますます活発化していくでしょう。

2．スポーツ振興基本計画

　2000年9月に文部科学省体育局がスポーツ振興基本計画を発表しました。これは生涯スポーツ社会の実現と、当時低迷していた日本の国際的な競技力を高めるための環境整備をうたったものです。計画の狙いは以下の通りです。

　　我が国の国際競技力は相対的には低下傾向にある。このような状況の中、現代社会におけるスポーツの果たす意義、役割を考えたとき、国民のスポーツへの主体的な取組みを基本としつつ、国民のニーズや期待に適切にこたえ、国民一人一人がスポーツ活動を継続的に実践できるような、また、競技力の向上につながるようなスポーツ環境を整備することは、国、地方公共団体の重要な責務である。こうしたスポーツ振興施策を効果的・効率的に実施するに当たっては、施策の定期的な評価・見直しを行いつつ、新たにスポーツ振興投票制度が実施される運びとなっていることも踏まえ、中・長期的な見通しに立って、スポーツの振興をめぐる諸課題に体系的・計画的に取り組むことが求められている。本計画は、このような視点から、スポーツの機会を提供する公的主体及び民間主体と、利用する住民や競技者が一体となった取組みを積極的に展開し、一層のスポーツ振興を図ることにより、21世紀における明るく豊かで活力ある社会の実現を目指すものである。

具体的な目標は下記です。

　　1996年のアトランタオリンピックにおいて、我が国のメダル獲得率が1.7パーセントまで低下したことを踏まえ、我が国のトップレベルの競技者の育成・強化のための諸施策を総合的・計画的に推進し、早期にメダル獲得率が倍増し、3.5パーセントとなることを目指す。

そして、この計画の主な課題として次の3点を挙げています。

(1)　生涯スポーツ社会の実現に向けた、地域におけるスポーツ環境の整備充実方策

（2）　我が国の国際競技力の総合的な向上方策

（3）　生涯スポーツ及び競技スポーツと学校体育・スポーツとの連携を推進するための方策

　活力ある地域作りを進める地方自治体と民間団体がこの計画の方向性を踏まえて、それぞれの役割の中で組織作りを進めていく必要があります。

　この計画の期間は2001年から10年間となっています。財源は主にＴＯＴＯ（スポーツ振興投票制度、サッカーくじ）などでまかなう予定で始動しました。

　ＴＯＴＯは初年度（2001年）の642億円をピークにして大幅な売り上げ減少が続き、2006年度は134億円にまで低下。そこで対象試合を従来の5試合から3試合に減らして1等当選確率をアップさせたＴＯＴＯゴール3を発売し、さらに、2005年からはインターネット販売を開始、2006年から開始したＢＩＧの人気により売り上げを持ち直しました。スポーツ事業への助成金を確保するためにも、ＴＯＴＯの当たりやすさ、買いやすさなどを含めた販売促進のための改革が行われたのです。

　2012年からはＪリーグだけでなく、海外のプロサッカーも対象に入れたことで、時期を問わず販売できるようになり、2013年からは1000億円を超える売り上げとなっています。そして、これらの売上高から多くの額がスポーツ助成金としてスポーツ事業への支援に充てられているのです。

ＴＯＴＯ売上金とスポーツ助成金　　　　　　　　　　　　　（単位：百万円）

	売上高	スポーツ助成金
2001年	64,267	―
2002年	36,058	5,913
2003年	19,877	2,427
2004年	15,695	582
2005年	14,905	250
2006年	13,471	118

	売上高	スポーツ助成金
2007年	63,712	80
2008年	89,741	858
2009年	78,547	5,768
2010年	93,693	8,926
2011年	76,011	12,798
2012年	84,370	14,662
2013年	108,056	15,116
2014年	110,797	16,994
2015年	108,419	15,361
2016年	111,796	22,117
2017年	108,024	16,683
2018年	94,819	22,294

『スポーツ白書2017』（笹川スポーツ財団、2017年）、「独立行政法人日本スポーツ振興センター平成29年度スポーツ振興投票に係る収益の使途に関する報告書及び同報告書に付する文部科学大臣の意見」（2018年）、日本スポーツ振興センター発表資料を基に作成

3．総合型地域スポーツクラブ

　スポーツ振興基本計画の最重要施策が、全国の各市区町村において少なくとも1つは総合型地域スポーツクラブを設置することです。
　総合型地域スポーツクラブは次の目標を掲げています。

（1）　複数の種目が用意されている。
（2）　子どもから高齢者まで、初心者からトップレベルの競技者まで、地域の誰もが年齢、興味・関心、技術・技能レベルなどに応じて、いつまでも活動できる。
（3）　活動の拠点となるスポーツ施設及びクラブハウスがあり、定期的・継続的なスポーツ活動を行うことができる。
（4）　質の高い指導者の下、個々のスポーツニーズに応じたスポーツ指導が行われる。

　特色として、学校や企業の枠組みに関係なく様々なスポーツに取り組むことができます。また、トレーニングの継続性、一貫したスポーツ環境が確保できます。

　こうした総合型地域スポーツクラブにおいて自治体や市民と円滑に事業を進める為に、事業主体としてNPO法人格を取得することの意義は大きいと思われます。例えば事業を進めるにあたって、体育館やグランドなど公共施設を借りる、事務所とするテナントの賃貸契約を結ぶ、寄付・助成を受ける、といった場合に個人や任意団体よりも法人の方が社会的信用を得られるのは言うまでもありません。自治体や公共団体からの寄付金、委託事業も受けやすくなります。また、個人事業に比べて大幅な節税が可能です。

　現状では、多くの総合型地域スポーツクラブが既存の公共施設や学校体育施設を活動拠点としています。また、市町村の体育協会やスポーツ少年団が設立母体となっているところも多々見受けられます。総合型地域スポーツクラブはこれら地域との連携や、大会・イベント開催などの普及活動、地域振興を念頭に入れた活動を展開していきます。これに伴い、企画・運営を担当する専属のクラブマネージャー養成が大きな課題となっています。

　現状では公共施設を活動拠点としているクラブが多数見られますが、地域のスポーツ振興の中心拠点として常設のスペースや会議室、託児室、相談室などがあるクラブハウスを有するのが理想でしょう。民間のスポーツ施設が施設・人材の提供や情報発信などで地域のスポーツ振興に協力している例も多々あります。

　また、総合型地域スポーツクラブの財源は会費収入が基本になりますが、事業内容によって国、自治体からの助成金を受けることも可能です。活動を進めていく中で地域社会への訴求力を有するクラブは民間企業をスポンサーとして集うことも可能でしょう。

総合型地域スポーツクラブはスポーツ振興だけではなく、地域社会の連携を深め、地域振興を担うことができる新しい組織体です。子供から高齢者までが集まることで、地域コミュニティーの核となることができます。少子化、核家族化、近所付き合いの希薄さが問題となっている今日、人的交流を促して活気ある地域コミュニティーを形成することは、どの自治体、地域でも共通の課題です。

　スポーツ庁の「総合型地域スポーツクラブの今後の在り方に関する提言」（2016年）では少子高齢化、人口減少、地方振興などの社会状況を踏まえて、総合型地域スポーツクラブの役割として主に下記を挙げています。

（1）　老若男女が多様なスポーツ種目に親しめる環境作り

（2）　スポーツを通じた地域課題解決の取り組み

（3）　スポーツによる介護予防

（4）　小学校放課後児童クラブにおけるスポーツ機会の提供

（5）　学校部活動における実施困難なスポーツ種目の機会の提供

　総合型地域スポーツクラブは公営と民間が協業して柔軟に運営するという文字通り総合型の組織であり、スポーツ振興、地域振興において大きく期待されています。

4．指定管理者制度

　ここでは、自治体が公共施設の管理、運営を民間委託する指定管理者制度について紹介します。

　自治体は体育施設の他、文化会館、美術館、介護支援センター、老人ホーム、学童クラブ、保育園、いこいの家、林間学校など大小さまざまな公共施設を抱えています。これら公共施設の中で総合型スタジアムや体育館、プール、野球場など、体育施設の占める割合が大きいのが現状です。これらの施設では、言うまでも無く住民のニーズに合ったサービスを提供しなければなりません。そこで民間のノウハウを取り入れ、効率的に良質な管理、運営を行うことが指定管理者制度の目的です。

　委託業務である施設管理は施設の性格によって異なりますが、主に鍵の管理、点灯・消灯、清掃、利用許可に関する業務、保守点検、メンテナンス、警備などです。

　指定管理者はこれらの一部を、第三者に業務委託することもできます。例えば、清掃、施設メンテナンス関連会社が指定管理者となった場合、夜間警備については不慣れなので、その業務を警備会社に業務委託することが可能です。清掃業務全般を自治体にあるシルバー人材センターに業務委託することも効率的でしょう。

　この制度では、民間のノウハウによって施設の利用促進を進めることと、コストの削減が大きなポイントになります。

　委託を受けた民間団体は、施設を維持するだけではなく、自発的にイベントを行ったり、サービスメニューを増やすなど、利用促進の為の自主事業を実施することができます。その際のイベント参加費など付帯的な利益は民間団体のものとなります（自治体により多少の差異あり）。

　サービスメニューは民間による最新の内容が提供されることで、顧客へのサービス向上につながります。

　また、人件費をやりくりすることでコストの削減を図ることができます。例えば、図書館が年棒1000万円の職員3名で運営していたとしましょう。この図書館の運営を指定管理者制度によって民間委託し、年棒500万円の司書資格を持った職員5名で運営することにします。すると、運営スタッフは増えたにもかかわらず、総人件費は大幅に削減できます。加えて司書資格を持った専門スタッフを配属することにより図書館運営はより円滑に進むでしょう。安くて質の高いサービスを提供できるのです。

　指定管理者制度は施設、企画、運営の面から地域スポーツ振興のあり方を好転

させる可能性を持っています。

　いずれにせよ前述してきたように、スポーツはＮＰＯ法人、スポーツ振興基本計画などと結び付くことで、地域社会の活性化を促す役割を担っています。

５．ＰＦＩ

　国や地方自治体が所有する公共スポーツ施設などの建設、運営を民間企業の資金やノウハウを活用して行う手法としてＰＦＩ（プライベート・ファイナンス・イニシアチブ）があります。従来、国や地方自治体が限られた予算とノウハウで公共サービスを行ってきましたが、ＰＦＩの導入により、より質の高い公共サービスと、建設費、運営費の削減が可能となります。

　1999年に「民間資金等の活用による公共施設等の整備等の促進に関する法律」が施行され、導入が始まりました。一般的にＰＦＩでは民間企業が建設、運営方法などを提案競争して、選定された民間企業が実際に建設、運営を行う他、自ら収益事業を行うこともできます。民間企業が収益をあげることで、公共サービスの利用料の削減、負担減に繋がります。

　スポーツ施設での主なＰＦＩ導入事例として下記があります。

（1）　なぐわし公園温水利用型健康運動施設（埼玉県）

（2）　墨田区総合体育館（東京都）

（3）　八王子市新体育館（東京都）

（4）　川崎市スポーツ・文化複合施設（神奈川県）

（5）　尼崎の森中央緑地スポーツ健康増進施設（兵庫県）

（6）　名古屋市守山スポーツセンター（愛知県）

（7）　尼崎の森中央緑地スポーツ健康増進施設（兵庫県）

（8）　北九州スタジアム（福岡県）

第6章　スポーツと広報・宣伝

1．スポンサー

　ここでは、スポーツに関連したスポンサーシップに関する事例を紹介します。

　スポーツイベントに出資する企業はまず、資金提供するイベントに出資するだけの価値があるのかどうかを考えます。企業は広告宣伝、資金提供に先立ち、さまざまな市場リサーチを行います。まず、スポンサードするものがライバル企業とバッティングしていないか、ライバル企業が邪魔しないか、また、顧客がたくさん居ると思われる分野、地域に狙いを定めるなどの見定めをします。

　支援を受ける側は、具体的な効果測定の予測を提示することが必要です。マスメディアへの露出度、商品紹介の機会、観戦チケットの無料提供などのスポンサーメリットについて説明します。そしてスポンサーメリットに基づいた販売促進の見込みを説明します。

　スポンサードの話からは少し外れますが、例えば、週刊誌に掲載されている広告は、その雑誌の読者に合わせたものが載ります。競馬雑誌に女性の化粧品広告が載ることは無いでしょう。漫画雑誌『ジャンプ』や『マガジン』には少年向けの商品広告が載ります。駅のホームの看板も、小・中学校が近くにある駅には予備校や学習塾の看板が多くなります。女子大の最寄り駅では若い女性向けの看板があります。電車内の広告は秋以降の受験シーズンには専門学校、大学の広告で一杯になります。スポンサーも宣伝広告と同様に顧客に合わせた戦略が重要です。

　五輪やサッカーワールドカップなど国際的なスポーツイベントでは多額の運営費が必要ですが、その大部分がテレビ局から受け取るテレビ放映権料とスポンサー料から捻出されています。大会収入のほとんどはこの2つで占めています。

　公式スポンサーになると、選手の胸ゼッケンに企業名を入れることが出来る他、広告看板の掲示、さまざまな企画を通じて企業名、商品名を宣伝できます。メディア視聴者が必ず目にすることもあり、宣伝効果は抜群です。

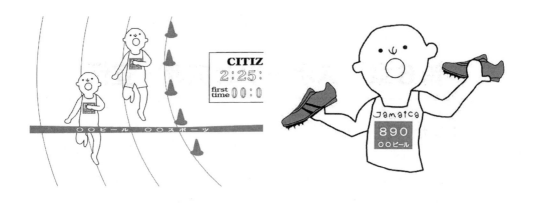

　また、スポンサーは資金提供をするだけではありません。飲料メーカーはスポーツ大会で飲み物を提供することでの支援を行います。飲み物を提供してくれる企業ということで企業の認知度、イメージアップにつながり、その商品、他商品への波及効果が期待できるのです。

　スポーツメーカーによる支援では、用具の提供もあります。メディアが取り上げるような強豪チームに対してスポーツメーカーはユニフォームやシューズ、ト

レーニングウエアーを提供します。有名スポーツ選手の多くが提供されたものを使っています。メディアに憧れの選手が登場し、その選手が使っている用具やユニフォームを目にすると、その商品への購買意欲が高まります。

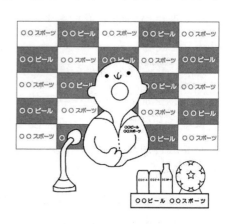

2．スポーツによる情報発信

　さまざまな形態のスポーツビジネスが模索される今日、アマチュアスポーツとプロスポーツは、スポンサーあるいは親会社の宣伝広告媒体という側面を持っています。スポンサーのPR活動はメディアを通じて大きな広がりを見せます。スポーツが持つ健全なイメージが、スポンサーの考えるPRコンセプトとそのまま結び付くことになるのです。

　企業イメージとその企業の商品イメージは直結していることが多く、スポーツの爽やかなイメージが商品の販売促進につながります。この「爽やかなイメージ」作りを行うには、スポーツイベントのスポンサーになったり、有名スポーツ選手

を広告塔として登用するなどの方法があります。この場合、例えば飲料メーカーならば爽やかでクリーンなイメージの選手、教育関係企業ならば努力型の勤勉な選手、化粧品メーカーならば清潔感溢れる女子選手というように、どの年齢層、性別を対象としてイメージ作りを行うのかを考える必要があるでしょう。

　ところで、スポーツ選手は古くからさまざまな商品の広告塔として登用されてきた歴史があります。広告にスポーツ選手が起用される理由は、スポーツ選手が自身の競技実績や、快進撃、挫折からの復活劇、勝負強さなど、自身の競技実績を基にした安心感や信頼感、力強さを元々有しているので、これらのイメージをそのまま広告のイメージと結び付けることが出来るからです。実績に裏付けされた本物のイメージは説得力、臨場感が有ります。スポーツ選手は自身のブランドイメージを自身で作り、自身に付加価値を付けることができるのです。

　スポーツ（大会、イベント、選手、チーム等）そのものが自ら情報発信できるメディアであり、これをビジネス商品として有効利用することで、スポーツが持つ可能性はますます広がっていきます。

3．スポーツ選手の代理人

　1995年に野茂英雄が日本のプロ野球から米国メジャーリーグのドジャースに移籍し、同リーグを代表する投手となったことは、野球界の潮流を大きく変えるきっかけとなりました。野茂が先駆けとなり、イチロー、松井秀喜、松坂大輔、ダルビッシュ有、田中将大など、日本の有力選手が続々とメジャーリーグに挑戦しました。

　サッカーＪリーグは2000年代に入ってから選手の海外移籍が増え、現在日本代表選手の38％が海外クラブに所属します（2019年日本代表招集選手を算出）。

　これらの選手と球団の仲介に立ち、契約に関する業務を担当するのが「代理人」です。代理人は選手に代わって球団との契約交渉を行い、選手にとって少しでも良い条件での契約を引き出そうと奔走します。また、スポンサーとの契約交渉も担当します。スポーツ選手が代理人をたてる主なメリットや理由は次の通りです。

（1）　選手が契約交渉に慣れていない。
（2）　選手に有利な契約を引き出せる可能性がある。
（3）　契約内容に対して不満がある場合、客観的に考えられるようになる。

（4）　トレーニングに集中できる。

（5）　キャリア計画全般の相談ができる。

　メジャーリーグでは1976年のフリーエージェント（ＦＡ）制度の導入によって、代理人が台頭しました。現在、メジャーリーグ、ＮＢＡ、ＮＦＬでは200人以上の代理人が正式登録されていると言われています。代理人は選手組合に代理人登録をします。

　サッカー選手の代理人は国際サッカー連盟（ＦＩＦＡ）に登録し、資格検定試験を受ける必要があります。

　日本のプロ野球の契約交渉では2000年オフから代理人交渉が認められるようになりました。代理人が台頭して選手年俸が高騰したメジャーリーグの前例もあり、当初、球団側には多少の嫌悪感がありました。メジャーリーグにみられるような、選手に有利な契約を勝ち取る辣腕代理人が今後台頭してくるかもしれません。ただ、日本のプロ野球の場合は代理人のほとんどが日弁連の弁護士です。したがって、現状ではメジャーリーグのような代理人ビジネスで生計を立てている代理人は稀なようです。

　いずれにせよ代理人が、スポーツ界の潤滑油となることで、業界が健全な形で発展していくことを期待したいものです。

4．メディアごとの広告費

　ここでは日本国内の広告費の動向を確認しましょう。

　広告費の額は出稿するメディアごとの力、発信力に直結、比例します。この表ではこれまで4大メディアと言われてきたテレビ、新聞、雑誌、ラジオにインターネットを加えて5つのメディアを列記します。

　インターネットの広告費は2004年にラジオ、2006年に雑誌、2009年に新聞を抜きました。2019年にはテレビに並んだと言われています。

　一方、4大メディアは2000年前後をピークにして減少しています。特に新聞、雑誌、ラジオの急激な落ち込みが見られます。

　この表からはメディア間の変遷、パワーバランスを見て取れます。

媒体別広告費

	新聞	雑誌	ラジオ	テレビ	インターネット
1995 年	11,657	3,743	2,082	17,553	
1996 年	12,379	4,073	2,181	19,162	16
1997 年	12,636	4,395	2,247	20,079	60
1998 年	11,787	4,258	2,153	19,505	114
1999 年	11,535	4,183	2,043	19,121	241
2000 年	12,474	4,369	2,071	20,793	590
2001 年	12,027	4,180	1,998	20,681	735
2002 年	10,070	4,051	1,837	19,351	845
2003 年	10,500	4,035	1,807	19,480	1,183
2004 年	10,559	3.970	1,795	20,436	1,814
2005 年	10,377	4,842	1,778	20,411	3,777
2006 年	9,986	4,777	1,744	20,161	4,826
2007 年	9,462	4,585	1,671	19,981	6,003
2008 年	8,276	4,078	1,549	19,092	6,983
2009 年	6,739	3,034	1,370	17,139	7,069
2010 年	6,396	2,733	1,299	17,321	7,747
2011 年	5,990	2,542	1,247	17,237	8,062
2012 年	6,242	2,551	1,246	17,757	8,680
2013 年	6,170	2,499	1,243	17,913	9,381
2014 年	6,057	2,500	1,272	18,347	10,519
2015 年	5,679	2,443	1,254	18,088	11,594
2016 年	5,431	2,223	1,285	18,374	13,100
2017 年	5,147	2,023	1,290	18,178	15,094
2018 年	4,784	1,841	1,278	17,848	17,589

『広告白書2019』（日経広告研究所、2019年）より作成

第7章　スポーツの企画・立案

1．魅力ある企画とは

「魅力ある企画」とはどのようなものでしょうか。マス・メディアを通じて成功したスポーツ企画の代表例としては正月に行われる箱根駅伝があります。かつては関東地区の大学によるローカル大会に過ぎなかった駅伝ですが、1987年に日本テレビによる生中継が始まると知名度が一気に広がり、全国区の人気大会、正月の風物詩となりました。30％近い視聴率を誇り「国民的イベント」となりつつある箱根駅伝の人気にはいくつかのキーポイントがあります。

　まず、開催時期が正月の三箇日という点が大きな利点となっています。多くの国民が家にいる正月にテレビの生中継を行うことで不特定多数の視聴者を惹きつけ、高い視聴率を稼ぐことができます。

　次に、テレビ視聴者が学生たちのひたむきで一生懸命な姿に惹かれる点も大きいでしょう。併せてテレビによる感動物語の演出があります。予選会を突破して本戦出場を果たすまでのドキュメントや選手たちが箱根駅伝に賭ける想いを述べるインタビュー、選手が中継所でたすきを渡し終えて苦しさのあまり倒れこむシーンなどが誇張気味のアナウンサーの絶叫とともにクローズアップされます。

　また、魅力的なコース設定も箱根駅伝人気を支える大きな要因です。東京大手町の都心部をスタート・ゴールとして、湘南の海沿いを走り、天下の剣・箱根の山を越えた芦ノ湖を折り返すというコース設定は、他の駅伝では見られない、見ていて飽きないものです。さらに、1人で20ｋｍの長丁場を走らなければならない緊張感が視聴者をさらにひき付けます。

　箱根駅伝はこうした魅力が複合的に絡み合って魅力ある企画として君臨しています。どうすればテレビ映りが良くなるか、視聴率を高められるか、いつ実施す

るのが最適かを考えながら、これらの情報をまとめて企画を練り、魅力ある企画が作られます。

　テレビの種目別スポーツ観戦率を10年前と比べると、F1などの自動車レースの凋落と、フィギュアスケート、女子サッカーの躍進が目立ちます。一方、一昔前までのパワーは見られないものの、文化として根付いているプロ野球の安定感が示されています。どのスポーツも、魅力ある企画になるために試行錯誤しているのです。

テレビによるスポーツ観戦率 2015 − 2016年 （単位:%）

順位	全体		男性		女性	
	観戦種目	観戦率	観戦種目	観戦率	観戦種目	観戦率
1	プロ野球	54.2	プロ野球	65.3	フィギュアスケート	59.2
2	高校野球	48.6	高校野球	53.8	プロ野球	47.3
3	フィギュアスケート	46.6	大相撲	51.5	マラソン・駅伝	43.9
4	サッカー日本代表試合	45.6	マラソン・駅伝	43.9	高校野球	43.5
5	マラソン・駅伝	43.6	プロゴルフ	43.4	大相撲	43.2
6	バレーボール女子日本代表試合	43.1	サッカー日本代表試合（五輪代表含む）	38.8	プロゴルフ	39.8
7	大相撲	38.7	フィギュアスケート	37.7	サッカー日本代表試合（五輪代表含む）	39.6
8	プロテニス	36.9	K-1 など格闘技	33.8	Jリーグ	36.0
9	バレーボール男子日本代表試合	35.5	アメリカ大リーグ	33.7	K-1 など格闘技	33.6
10	サッカー女子日本代表試合	31.2	Jリーグ	32.3	野球の国際試合（WBC、アジアリーグ等）	28.7

『スポーツ白書2017』（笹川スポーツ財団、2017年）より作成

　スポーツの企画は競技会だけではありません。民間フィットネスクラブの運営においても、さまざまな企画が組み込まれています。

　フィットネスクラブの経営での重要課題は大きく3つ挙げられます。

（1）　会員の満足度向上

（2）　新会員の獲得

（3）　会員の退会防止

　　会員の満足度を高めるには会員が何を求めているのかを考え、その欲求に沿えるようにします。充実した施設を完備し、館内の清掃を徹底し、スタッフは会員とのコミュニケーションを図ります。客層によって、営業時間を早めたり、伸ばしたりする必要もあるでしょう。地域によっては交通アクセスの良さや駐車場の有無も、集客の大きな要素となります。

　　フィットネスクラブの会員は心地よい汗を流しに来店するのですが、一方で、なじみの常連客との「語らい」を楽しみにしている会員も多数います。彼らはエクササイズ中やその前後に、賑やかに会話を楽しみます。このような場合、フィットネスクラブとしては常連客同士の「たまり場」となるスペースを用意する必要があります。多くのスポーツクラブがフロントやトレーニングルームの一角にソファーやベンチを設置しているのはそのような理由からです。

　　また、欧米諸国と比べると日本人は健康志向が強く、同時にスポーツを通じた人との交流を好むことが分かっています。

運動・スポーツの実施理由の国際比較　　　　　　　　　　　　　（単位:%）

実施理由	ヨーロッパ諸国 （n＝15,239）	日本 （n＝2,270）
健康を維持するため	42	55.7
緊張の緩和、リラックスするため	30	15.7
体力の充実感を得るため	30	12.7
屋外に出るため	20	5.5
人との交流のため	14	24.9
減量や体重管理のため	13	12.8
運動やスポーツは行っていない	11	8.2
楽しさや冒険、興奮を味わうため	10	18.1
達成感を得るため	5	5.4
競争を楽しむため	3	2.7

『スポーツ白書2010』（SSF笹川スポーツ財団、2001）より作成

次に、フィットネスクラブではエクササイズの場、語らいの場の提供だけでなく、さまざまなイベント企画を実施します。館内の壁面にはいろいろなイベントのポスターや案内が掲示されています。大手のフィットネスクラブでは主に会員を対象にした海外マラソンツアーやハイキング、インドアテニス大会などを実施します。こうした企画により相応の売上げが見込めるのですが、フィットネスクラブにとっての本当の目的は、楽しい企画により会員の「飽き」を回避し、満足度を高めることです。満足度を上げることは会員の退会を防ぐことになります。フィットネスクラブの経営上、広告や口コミで新規会員を増やす施策は重要ですが、同時に、既存会員を維持、管理も重要なのです。

　このように、フィットネスクラブは地域コミュニティーの拠点としての役割を成しています。

　「観るスポーツ」、「するスポーツ」いずれにせよ、魅力あるスポーツ企画とは老若男女を問わず、誰でも気楽に参加できるものでなければなりません。自身がスポーツをしない人であっても、スポーツを観ることによって、感動したり新たな世界を知ることができます。また、ちょっとしたきっかけでスポーツに触れ合うことで、自身がスポーツを始める、再開する契機になる場合もあります。間口の広さ、敷居の低さはスポーツ振興において重要な要素です。魅力あるスポーツ企画はスポーツ振興のみならず、地域コミュニティーの基点にもなりうるのです。

２．企画書

　スポーツに限らず、どの業界で仕事をするにせよ、キャリアを積んでいく過程でさまざまな独創的なアイデアが必要です。競争に打ち勝つには独創性に富んだ方策を練る必要があります。

　スポーツ施設の場合、魅力あるサービスの提供によって集客の促進を図ることも重要ですが、今現在居る固定客や会員に対して様々な情報提供やイベントを仕掛けることも重要です。せっかく広報費をかけて会員を集めたにもかかわらず、会費による収入だけではもったいないでしょうか。また、販売業であればどのようにすれば販売促進につながるのか、顧客に飽きられないようにするために常に新しい仕掛けを心掛ける必要があります。

　そうした素晴らしい企画を進める際には上司や決裁者に実行する許可を得る必

要があります。ところが、上司や決裁者にいくら口頭で説明しても、大雑把なイメージしか伝えられない場合があります。忙しい上司は良い企画と感じながらも具体性の無いものに対して指示の出しようがありません。せっかくの素晴らしい企画が始動前の段階で止まってしまいます。

　そこで、企画の全体像を具体的に伝えやすく書面にしたのが「企画書」です。まず、企画書を作成するにあたって、誰に提出するものなのかをはっきり認識する必要があります。対内的に社内だけに見せるのか、対外的に顧客に提示するものかによって、まったく趣旨の異なるものとなります。

　社内向けのものであれば、組織のトップ、部門の責任者、自分の直接の上司に提出することになるでしょう。この場合の企画書は企画を「説明」するための意味合いが強くなります。

　一方、顧客に対する企画書は、書面を通じてさまざまなメリットを示し、企画への合意を得るために「提案」をします。

　対内、対外、いずれにせよ、企画書は図表と文章で明確化された分かりやすいものでなければなりません。素晴らしい企画であってもややこしく複雑な企画書では理解しにくいものです。

　企画書に明示しておくべき事項には主に次のようなものがあります。

（1）　理念、基本姿勢、目的
（2）　実施者、主催者
（3）　対象とする顧客層
（4）　市場リサーチ資料
（5）　方法
（6）　タイムスケジュール
（7）　収支計画

　企画書はＡ４版１枚の「ワンシート」が有効です。１枚であれば、読み手が受け取った際に重荷にならず、読みたいと思わせる分量だからです。Ａ４版１枚にまとめるには、かなり簡潔に表現する必要があります。読み手が限られた書面スペースで全体像を掴めるように工夫します。よって、だらだらと理屈っぽい抽象的な内容は避けなければなりません。

また、このワンシート企画書とは別に、上記の項目ごとに詳細を説明する文書も必要になるでしょう。宣伝広告企画、販売促進企画、市場リサーチ報告を詳細に記したものです。ただ、膨大な量で、文字だらけの企画書では読む気にならないので、内容を見やすく簡素にまとめる必要はあります。

　実際に顧客や上司とのやり取りを進めていく上では、まず取っ掛かりとしてワンシート企画書にて概要の理解を進め、その上で項目ごとに必要箇所を重点的に解説していくことになります。そうした過程で意見交換していく中で、方向性が最初に提示した企画書の内容からずれていくこともありますが、これを繰り返すことで、より企画の内容が煮詰まっていきます。最初の方向性を示すワンシート企画書は有効です。

第8章　スポーツとメディアの変遷

1．マスメディアとスポーツの結び付き

　メディアは日常的にスポーツ文化を大衆に提供しています。スポーツの試合が行われたとしても、その情報が無ければ誰も観戦に行くことは無く、当然世間の関心も湧き上がりません。テレビ、新聞、雑誌、ラジオ、インターネットなどのメディアが宣伝、ＰＲを含めた告知をして初めて盛り上がりをみせます。プロ野球・巨人が長らく全国的な人気を保持してきたのは、巨人と同一グループである読売新聞と日本テレビという大手メディアが巨人に関する情報の発信を常に行っているからです。自前のチームである巨人に常にスポットライトを当てています。

　この試合は注目だ、この選手は凄い、と積極的にＰＲを行い、各メディアのスポーツ特集で解説者による試合の予想や、選手を追いかけたドキュメンタリー番組を組んで、盛り上がる下地を作ります。そしてメディアでその試合の中継番組の告知を行います。試合後は試合結果が各メディアで報道されます。これらはメディアミックスによるスポーツ文化の生成です。

　日本のスポーツ報道の始まりは、1883年の隅田川で行われた海軍のボートレースが新聞に取り上げられたのが最初と言われています。しかし、当時のメディアは新聞しか無く、ラジオ、テレビもまだありませんでした。新聞が本格的にスポーツの報道に力を入れるようになったのは大正時代になってからです。1915年に朝日新聞社が現在の高校野球甲子園大会の開催を発表しました。これをきっかけにして各新聞社がスポーツ報道に力を入れるようになります。この裏には新聞社が日常的な時事ニュース以外に購読者を引き付けるコンテンツを探していて、それをスポーツに見出したことがあります。したがって、スポーツをクローズアップして大きく取り上げる為にも、各新聞社がスポーツ大会を主催したり、後援したりするようになりました。朝日新聞社による高校野球や、読売新聞社が母体となって職業野球チーム・大日本東京野球倶楽部（現読売巨人軍）を設立して、プロ野球を読売新聞の販売促進につなげようとしたのは、その代表例です。

2. ラジオの普及

　ラジオ放送は1925年に始まりました。放送開始から2年後にはスポーツ中継に乗り出し、夏の甲子園大会を中継しました。その後すぐに、東京六大学野球の中継も開始され、これにより野球人気が爆発しました。日本の野球人気は、この頃から始まり現在に至っています。

　日本に五輪がラジオ放送されたのは1932年のロサンゼルス五輪が最初でした。前述した通り、この五輪ではアナウンサーによる実感放送が行われました。当時、8年後の1940年に東京へ五輪を誘致する計画があったので、ＮＨＫはその予行演習としてアナウンサーとプロデューサーを数人派遣しています。

　4年後のベルリン五輪では、日本も初めて五輪のラジオ実況中継を行いました。この年の2月に二・二六事件が起こりました。陸軍の青年将校によるクーデターで、これによって軍部の政治的支配力が一気に高まります。こうした暗い雰囲気を吹き飛ばしたのがベルリン五輪の日本選手の活躍でした。そしてこの明るいニュースは、時の権力によって政治的に利用されました。メディアは権力に同調するかのように水泳、陸上を中心に、体格に恵まれた欧米列強の選手に負けない日本人選手の活躍を、そのまま国際社会での日本国家の位置付けと重ね合わせて報道したのです。軍国主義が進んで行く時期だったので、当局としては国民の意思、意識を束ねる必要がありました。国全体を国の為に一致団結させようと画策したのです。そこで日本人選手の活躍が、国民向けの、「日本民族・日本国家は優秀であり、力を合わせればなんとかなる、欧米列強を恐れることは無い」、というメッセージの発信に利用されました。従来の主な情報媒体である文字メディア以上に躍動感溢れるラジオ中継を通じて、日本人としての自負心や優越感を駆り立てたのです。

　五輪を利用して国民のナショナリズムを高揚させるのは、ベルリン五輪だけの話しではありません。国家権力が国内の弱まった体制を立て直すために国民の意識を五輪に惹きつけ、ナショナリズムを煽って体制を引き締めるのです。そのナショナリズムを変容させ、意図的に特定の国への憎悪感を作り出す国もあります。そうすることで、国家権力にとって都合の悪いことを国民の目から遠ざけようとする国はいつの時代もたくさんあります。

　ベルリン五輪の当時、国内でラジオを聞けたのは250万世帯（ＮＨＫラジオ契約数）に過ぎませんでした。大会の16日間、早朝の30分と、深夜に1時間づつ放送

がありました。ラジオ契約数は翌年（1937）に300万件、4年後の1941年には600万件になり、それ以後は終戦（1945年）までだいたい横ばいで推移しました。ラジオは急成長する新しいメディアでした。

３．戦時体制下

　ベルリン五輪の後、我が国では戦時体制が進みます。1937年7月の盧溝橋事件をきっかけに日中戦争が始まります。11月には日独伊三国防共協定が結ばれて、いわゆる枢軸国が結成されます。これに対するのが米国、英国を中心とする連合国でした。1938年4月には国家総動員法が公布されました。

　その後、戦時体制が進むと物資が不足していきます。紙不足から雑誌・書籍の出版が規制され、また、日用品の食器などの鉄製品も回収されました。甲子園球場の鉄屋根が撤去されて、戦闘機や軍艦など、軍事資源に使われました。その他、米、石油も配給制になります。

　日本軍の南方地域（大東亜共栄圏）進出が進むと米国、英国の列強が危機感を募らせました。1939年には日米通商条約が破棄されて、日本と米英は緊張関係になります。1941年には米国が日本への石油販売を停止します。これはエネルギー資源が少ない日本にとっては死活問題でした。さらに米国は在米日本資産を凍結します。

　1941年12月の真珠湾攻撃により、太平洋戦争が始まりました。戦争の初期は日本軍が快進撃して占領地域を広げていきますが、米国の反撃体制が整うと徐々に日本は劣勢になります。太平洋戦争が始まって5ヵ月後には東京、名古屋、神戸が初空襲されました。1942年6月のミッドウェー海戦で日本海軍は大敗を喫して、この戦争の事実上の勝敗が決定したと言われています。終戦前年の1944年10月には神風特攻隊が登場します。1945年3月10日にはB29による東京大空襲があり、下町周辺が焼き尽くされました。同年8月に降伏勧告であるポツダム宣言を受諾して戦争が終わりました。

４．テレビ時代の到来

　前述した通り、戦前、スポーツは新聞、ラジオと結び付いて大きなメディアと

なりましたが、このスポーツとメディアの結び付きは戦後、ますます強くなっていきます。この背景にはテレビ放送が始まったことがあります。

　テレビの本放送は1953年2月にNHKで始まりました。最初の実況中継は当時の皇太子の英国訪問です。この時のテレビ受信契約数は866台であり、まだ一般には普及していませんでした。一日の放送時間は4時間程度でした。この年の8月には日本テレビが放送を開始しました。

　翌年（1954年）からはNHKと日本テレビが夜のゴールデンタイムでプロレス中継を開始しました。このプロレスを引っ張ったのが力道山です。大柄な外国人レスラーに対し、最初は相手の反則業などで不利な戦いを強いられますが、怒り爆発の力道山が途中から形勢逆転して勝利をおさめます。敗戦からまだ10年ほどしか経っていない時期で、敗戦コンプレックスが色濃く残っている時代に、体が大きく屈強な外国人をやっつける強い日本人というドラマは国民にとっては拍手喝采だったことでしょう。これらはまさに勧善懲悪のドラマでした。

　プロレス中継が始まると、町の街頭テレビの前には人だかりができました。当時、戦後の復興の中で、これと言った娯楽はありませんでした。テレビは娯楽に飢えていた国民を、新しいメディアとしてどう惹きつけるかを考えていたのです。

　1958年には関東一円にテレビ電波を送ることができる東京タワーが完成しました。それまでは各テレビ局が自社のタワーから電波を流していました。

　1959年にフジテレビ、テレビ朝日が開局しました。この時点でのテレビ受信契約数は346万台です。翌年1960年に500万台突破、1962年に1000万台突破、1967年には2000万台を突破しました。急激に普及していることが分かります。

　ちなみに1959年に皇太子がご成婚されて、その前段階で各局のスクープ合戦がありました。これがテレビの普及に大きく影響しました。ご結婚のパレード中継は初期のテレビにとってのビックイベントとなりました。

　日本テレビは開局以来、プロ野球・巨人の中継を行ってきましたが、これは巨人を人気球団にして視聴率を稼ぎ、同一グループの日本テレビ・読売新聞の価値を高めるという目的によるものです。それに伴って、日本テレビの視聴率と読売新聞の販売部数が大きく伸びました。

5. 1964年東京五輪

　我が国が「テレビの時代」になりつつあった1964年、東京五輪が開催されました。東京五輪ではテレビが国家的なイベントに初めて臨んだのです。この五輪をきっかけに、メディアとしての新聞とテレビの立場が逆転しました。この前年に日米間で衛星中継が始まりましたが、これによりテレビという新しいメディアが新聞、ラジオに肩を並べました。テレビが持つ優れた情報伝達力がクローズアップされたのです。また東京五輪はスポーツがテレビと結び付いて、ビジネス商品として大きく展開していくスタートにもなりました。

　全世界で同時に五輪中継を見られることは不特定多数の人々に共通のメッセージを流すことになり、それは同じ思考、考えを生み出すマスプロダクション的なものでした。この東京五輪は国際映像を作るという理念を作り出した五輪であり、同時に、日本の放送技術を世界中に見せ付ける大会でもありました。ここで日本は非常に鮮明な映像の衛星中継によって技術立国としての地位を築いたのです。

　東京五輪では五輪としては史上初めてカラー放送が行われ、スポーツ放送は非常に見栄えが良いものとなり、商品価値が高まりました。東京五輪は「テレビンピック」と呼ばれたように、テレビスポーツの時代の幕開けとなりました。東京五輪は終戦から19年後の1964年に開催されました。『放送五十年史』には、

　　　　これを機会に日本の復興を加速させ、国際社会に復帰したばかりの新しい日本の姿を世界に披露しようという気持ちがこのオリンピックに掛けられていた。

と記されています。敗戦から立ち直ろうとする日本人の心意気を内外に見せ付けるイベントでもありました。

　次に、この五輪を経済的な角度から考えてみましょう。現在の五輪でも同様ですが、開催国では大会期間に間に合わせるためにインフラの整備が急ピッチで進められます。東京五輪では幹線道路、高速道路、東海道新幹線の建設が進みました。東海道新幹線は開会式9日前の10月1日に開通しました。当時の新幹線は東京、大阪間で4時間掛かりました。国内の大動脈が完成すると、人、物の流れがスムーズになり、経済効果としては非常に大きかったと思われます。

　また、日本の工業製品にとっても東京五輪は世界に向けての絶大なPRの機会

となりました。それまで日本の工業製品はどちらかというと「安かろう、悪かろう」のイメージを持たれていましたが、これが東京五輪をきっかけに世界における日本製品への信頼は高まり、海外への輸出が高まりました。敗戦から急速に立ち直りつつある日本がようやく、一流の経済国家として見なされたのです。

東京五輪での日本選手団は、金16、銀5、銅8のメダルを獲得しました。この活躍の象徴が「東洋の魔女」と言われた女子バレーボールチームの優勝です。日本が生み出した回転レシーブと、タイミングをずらした時間差攻撃で勝ち上がったのです。ソ連との決勝戦の視聴率85％（ＮＨＫ）は不滅の記録となっています。また男子マラソン銅メダルの円谷幸吉の走りも日本中を感動させました。

メディアにとっても、東京五輪は商業的なビックイベントでした。まず、新聞が大会前から事前情報を流し話題を盛り上げ、自身の販売促進につなげました。テレビは大会後にも繰り返し五輪の特集を組んで「感動」を繰り返し流しました。

また、市川崑監督の五輪公式記録映画「東京五輪」が全国で上映されました。この映画は映画史上、高く評価されています。五輪の公式記録映画ということで、客観的なドキュメントであるのが通例ですが、この映画は市川監督の独特の視線、カメラアイが色濃く含まれています。クローズアップ、ロングショットが多用されていて、独特の雰囲気をかもし出しています。

五輪は1980年代以降、スポンサー、テレビ放映権が絡んで商業主義的な大会へと変容していきます。東京五輪はアマチュアリズムのもと、我が国のスポーツが大衆化するきっかけとなりました。

6．アマチュアリズムの終焉

ＮＢＡのスター選手で編成されたバスケットボールの米国代表・ドリームチームや、日本プロ野球、Ｊリーガーたちが五輪で活躍する今日では想像できませんが、元々、五輪ではプロ選手の参加は認められていませんでした。スポーツを通じて報酬、利益を得ている選手の出場は厳しく禁じられていました。アマチュアリズムは五輪理念の象徴でした。

1952年から21年間にわたってＩＯＣ（国際オリンピック委員会）会長を務めたアベリー・ブランデージは、ミスターアマチュアと呼ばれ、徹底したアマチュアリズムを推し進めました。

1972年の札幌五輪では、アルペンスキーの優勝最右翼であったオーストラリアのカール・シュランツが、スキーメーカーの広告に出ていたという理由で選手村から追放されました。これは当時、アマチュア規定をめぐり、国際スキー連盟と対立していたブランデージ会長による見せしめと言われています。

　しかし、アマチュアリズムという聖域を頑なに守ることによって、資金面で四苦八苦していた五輪は、次第に時代の実情にそぐわないものになっていきます。選手たちが物質的報酬を全く求めず、日々の生活にも四苦八苦する環境で、世界のトップを目指すことが難しいのは明らかです。

　ブランデージ会長の退任後の1974年、後任のマイケル・キラニンIOC会長によって、五輪憲章から「アマチュア」の文言が削除されました。これにより少しずつ、五輪の商業化の道が開かれていきます。

　商業化の波は五輪に限らず、スポーツ界全体に広がっていきます。テレビ放映権や公式スポンサー制度を導入して、スポーツの財政的基盤を強化したのです。そして現在、五輪は世界最高峰のスポーツ大会となりました。

7．高騰するテレビ放映権料

　前述した通り、1953年にNHKと日本テレビがテレビ放送を開始しました。この放送開始時点でのテレビ契約台数は1000台未満でした。6年後の1959年にフジテレビ、テレビ朝日が開局しましたが、この時点で受信契約は346万台となっています。テレビが一気に普及していることが分かります。翌年1960年に500万台突破、1962年に1000万台突破、1967年には2000万台を突破しました。

　こうしたテレビの普及は日本だけの話ではなく、世界的な流れであり、これがテレビのスポーツ中継によりスポーツの商業化につながっていきます。

　現在、IOCは五輪のたびにテレビ局からの莫大な放映権収入を得ています。五輪はサッカーワールドカップと並んで最大級のスポーツビジネス市場となっています。

　テレビ放映権という概念は東京五輪以前にもありましたが、当時はまだ金額的にも微々たるもので、五輪を背景にして大きな利権が絡むということはそれほど有りませんでした。

　それが、1980年のモスクワ五輪以降、各国のテレビ放映権がうなぎ上りになり

ました。日本でのテレビ放映権料の変遷は次の通りです。

1972年	ミュンヘン	4億円
1976年	モントリオール	4億円
1980年	モスクワ	19億円
1984年	ロサンゼルス	46億円
1988年	ソウル	78億円
1992年	バルセロナ	88億円
1996年	アトランタ	105億円
2000年	シドニー	143億円
2004年	アテネ	171億円
2008年	北京	198億円
2012年	ロンドン	325億円
2016年	リオデジャネイロ	360億円
2020年	東京	660億円

「オリンピック放送権の合意について」（ＮＨＫ報道データ、2012年、2014年）、『サッカーマーケティング』（ブックハウスエイチディー、2006年）などより引用。2020年東京五輪は2018年ソチ冬季五輪との合計額。小数点以下四捨五入。

米国、ソ連を中心とする東西冷戦時代に行われたモスクワ大会は、ソ連のアフガニスタン侵攻に抗議して西側諸国がボイコットしました。完全なボイコットの他、競技には参加するが開会式の入場行進には参加しない国など、いろいろな形で西側諸国の抗議が見られました。

東京五輪からモスクワ五輪までの1960－80年代にかけて、五輪の大会規模は拡大し、それに併せて政治性、経済性も大きくなりました。ところが、この時代の五輪は大幅な赤字が続きました。1976年のモントリオール五輪はオイルショックの影響でインフラ整備に莫大な資金がかかり、その尻拭いで市民の税金が投入されました。

1970－80年代には、アディダスやナイキなどのスポーツメーカーが急速に事業拡大を進めました。1974年にＦＩＦＡ会長にジョアン・アベランジェが、1980年ＩＯＣ会長にファン・アントニオ・サマランチが就任したことでスポーツの世界的な商業化が一気に進みます。

アベランジェは1970年代からのサッカーワールドカップを舞台に、今日のスポーツビジネスの形を作りました。サマランチは五輪にオフィシャルスポンサーとテレビ放映権料の概念を導入しました。オフィシャルスポンサーになることで、テレビ放送を通じて企業名を露出し、ＣＭを通じて企業のイメージアップを図ることができるようにしました。ＩＯＣは当然、テレビカメラのアングルから、広告の掲載場所、五輪公式ロゴの使用にいたるまで、あらゆる面での便宜を図ります。公式スポンサーの権利を守るために、第三者が勝手にロゴや大会名を使うことは許されません。

　また、ＩＯＣはテレビ放映権料に着目し、各国のテレビ局に積極的に放映権を販売しました。サマランチがＩＯＣ会長に就任した1980年に開催されたモスクワ五輪のテレビ放映権料は前回大会（モントリオール五輪）の4倍以上となり、4年後のロサンゼルス五輪ではさらに2倍以上となりました。各国のテレビ局が独占放映権を獲得するために競い合うことが、結果として放映権料の高騰を招いたのです。スポーツビジネスの象徴ともいえる五輪放映権料はモスクワ五輪以後、今日まで上がり続けています。

　こうしたことからも、五輪中継は放映権料に見合う魅力ある商品でなければならず、さまざまな形でストーリーを作り出し面白いエンターテイメントに仕立てられ、さらに、中継の中でスポンサーの宣伝・広告が組み入れられます。

　スポンサーから手厚い待遇を受けているトップ選手には、全世界が注目し、高い注目度を誇る五輪において、勝つ義務が生じます。これに伴い、五輪では勝利至上主義が加速し、「参加することに意義がある」という五輪精神の建前は崩壊しました。

８．商業化の先駆けとなったロサンゼルス五輪

　スポーツ史においてロサンゼルス五輪が開催された1984年は「五輪の商業化元年」と位置付けられています。1976年のモントリオール五輪はオイルショックによる物価の高騰と、会場整備などの大会規模の拡大によって約10億ドルの赤字を出してしまいました。この赤字の尻拭いはモントリオール市民がせざるを得ませんでした。

　各国がこの現状を認識したこともあり、1980年のモスクワ五輪を経た1984年の五輪に立候補したのはロサンゼルスのみでした。そのロサンゼルスも地元自治体

（カリフォルニア州）からの公的資金援助は一切なしという条件での立候補でした。したがって、民間主体の大会運営を模索しなければなりませんでした。

　この大会において特筆されるものは、公式スポンサー、サプライヤー制度が導入されたことです。従来、不特定多数の企業が公式スポンサーになっていましたが、これを淘汰して30社余りに減らし、「1業種1社」に限定とすることで、スポンサー価値を高めたのです。

　ロサンゼルス五輪では、従来の五輪の主な収入であったスポンサー料、入場料、関連商品売り上げの他に、新たに莫大なテレビ放映権料が加わりました。米国ＡＢＣテレビが400億円強という高額でテレビ放映権の独占契約を獲得しました。

　ロサンゼルス五輪を契機とする五輪の商業化は、金銭的な癒着、腐敗など負の側面もありますが、存続の危機にあった五輪を立ち直らせた功績は揺るぎないものです。商業化路線を突き進んだロサンゼルス五輪は、現在でも五輪だけでなくスポーツビジネス事業全般のモデルケースとなっています。

９．メディア戦略の現状と課題

　戦後、五輪やサッカーワールドカップはテレビ放映されることで巨大なメディア・イベントとなりました。前述した通り、世界規模のスポーツイベントのテレビ放映権料はさまざまな付加価値を付けられ高騰を続けています。サッカーワールドカップでは2002年日韓大会と2006年ドイツ大会のテレビ放映権がセットで売り出されたことで高値が付き、ドイツ最大手のメディア会社であるキルヒグループと、アディダスと電通が共同出資するＩＳＬ社が購入しました。キルヒグループとＩＳＬ社は各国のメディアに放映権を破格の額で売り付けました。これはＦＩＦＡの代理店を使ったあくなき利潤追求策です。

　また、ＦＩＦＡは安定した収入源であり、現在、総収入の大部分を占めるワールドカップのテレビ放映権を増やすために、1982年スペイン大会から出場国数を16から24に増やし、さらに1998年フランス大会からは32としました。これに伴って総試合数が増え、放映の機会も増えました。2026年カナダ・メキシコ・米国大会からは出場国数が48となります。

　ところが、五輪は磐石な財政基盤によって世界最大規模のスポーツイベントとして君臨していますが、その裏では、誘致活動に関連したＩＯＣ関係者の不祥事や、

放映権料をバックにしたテレビ局の大会への介入など、さまざまな負の問題も山積みされています。これまでに多数のIOC関係者に疑いがかけられ、そのたびに五輪の名声、権威は落ち込みました。五輪、ワールドカップでは、テレビ局の都合によって競技開始時間が変更されるなど、メディアによる大会への介入が目立っています。五輪に限らず今日の大規模なスポーツイベントは、選手優先ではなく、メディア優先がまかり通っています。スポーツ関係者とメディアはスポーツの本来あるべき姿を考えながら、スポーツ界を発展させていく必要があります。

　また、行き過ぎた面のある誘致活動を踏まえ、近年、肥大化してしまった五輪を適正規模によって実施することが見直されています。五輪の華やかな面だけでなく、施設建設後の有効利用策や莫大な維持コスト等、大きなリスクが伴うことをあらかじめ認識しておく必要があるでしょう。

　20世紀以来、大衆的人気に支えられて発展してきた「見るスポーツ」は、利潤のためのビジネス商品になりつつあります。メディアの国際的なボーダレス化、多チャンネル化、インターネットの発展により、世界中の情報量が飛躍的に増大しています。今日の世界規模によるスポーツの拡張は、メディアの複合的な絡みによるさらなる商業化の一つの通過点に過ぎないのかもしれません。

１０．2020年東京五輪

　2020年東京五輪は1964年大会以来の日本での夏季五輪となります。前述の五輪の歴史と同様に、2020年東京五輪の主な収入はスポンサー料、入場料、関連商品売り上げ、テレビ放映権料です。このうち、スポンサー料の基となる企業からなるスポンサーは4種別に区分され契約されています。

(1)　ワールドワイド五輪スポンサー

(2)　東京2020ゴールドパートナー

(3)　東京2020オフィシャルパートナー

(4)　東京2020オフィシャルサポーター

　2020年東京五輪のテレビ放映権料は2014年にＮＨＫと日本民間放送連盟（民間テレビ局の連合体）がＩＯＣ（国際オリンピック委員会）と合意しました。これらの合意にはインターネット、モバイル、ラジオなどのメディアの権利も含まれます。

　入場料収入に直結する試合会場は1964年東京五輪会場を活用する以外に、多くの新設施設が誕生しました。五輪スタジアム（開会式、閉会式、陸上競技、サッカー）、有明アリーナ（バレーボール）、有明競技場（体操）、東京アクアティックセンター（水泳）などは仮設ではなく常設施設であり、五輪終了後の活用策も模索されます。

　2020年東京五輪は前年（2019年）のラグビーワールドカップ、翌年（2021年）のワールドマスターズゲームの日本開催と合わせて、日本のスポーツビジネスの絶好のチャンス、スポーツの産業成長化のチャンスとして位置付けられます。

参考文献

『広告白書2019』日経広告研究所、2019年

『スポーツ白書』笹川スポーツ財団、2017年

『サッカーマーケティング』広瀬一郎、ブックハウスエイチディ、2006年

『現在スポーツ産業論』渡辺保、同友館、2004年

『スポーツ産業論入門』第3刊、原田宗彦、杏林書院、2004年

『現代スポーツ評論』シリーズ、創文企画

『プロスポーツ年鑑』日本プロスポーツ協会、2003－2008年

『コミュニケーション学入門』ナカニシヤ出版、2000年

『ＮＥＸＴ』クラブビジネスジャパン、月刊

あとがき

　本書シリーズが最初に刊行されたのが2006年、続編が2009、2013年でした。本書は大学、専門学校向けの教材として作成したものです。この数年間でスポーツ業界とその周辺状況は大きく変わりました。今回は実技、理論に加えて、最新の情報を加えました。構成ではとにかく分かりやすい内容となることを心掛けました。日本で五輪が開催される記念すべき年に刊行できることを喜ぶとともに、読者が本書に触れることで、ちょっとした発見や新たな視点を持つことでキャリアの進展につながれば幸いです。

柴岡　信一郎

著者

柴岡 信一郎（しばおか しんいちろう）

1977年　東京都生まれ
1995年　日本大学豊山高校　卒業
1999年　日本大学芸術学部写真学科　卒業
2005年　日本大学大学院芸術学研究科博士後期課程　修了

博士（芸術学）
学校法人タイケン学園　副理事長
学校法人タイケン学園大学設置準備室　室長
日本ウェルネススポーツ大学　副学長
日本ウェルネススポーツ大学ゴルフ部　部長
日本ウェルネス高校ゴルフ部　部長
日本ウェルネス高校野球部　部長
日本ウェルネス長野高校バスケットボール部　部長
公益財団法人日本幼少年体育協会　副理事長
社会福祉法人タイケン福祉会　副理事長

専門はスポーツマネジメント、メディア論、コミュニケーション論。
教育、研究、ビジネスの一体化を目指して活動。

【著書】

『社会人になるためのキャリア情報リテラシー』技術評論社、2021年
『東京オリンピックの足跡をたどる 1940-2020年』タイケン、2021年
『スポーツビジネス教本2020』タイケン、2020年
『はじめての情報メディアコミュニケーションリテラシー』技術評論社、2018年
『メディア活用能力とコミュニケーション』大学図書出版、2016年
『スポーツビジネス教本2013』タイケン、2013年
『芸術とメディアの諸相』タイケン、2013年
『プレゼンテーション概論』朝倉書店、2012年
『足尾銅山の郷 生きている近代産業遺産』日本地域社会研究所、2012年
『スポーツビジネス教本2009』タイケン、2009年
『メディア・リテラシー』静岡学術出版、2008年
『報道写真と対外宣伝』日本経済評論社、2007年
『スポーツビジネス教本』タイケン、2006年
『芸術・メディアの視座』タイケン、2005年
『都市農業in東京』池田出版、2003年

スポーツビジネス教本 2020

第1版 第1刷発行	2020年 4月 1日
第2刷増刷	2023年 4月 1日

著　　者	柴岡信一郎
発 行 人	柴岡三千夫
発 行 所	タイケン株式会社
	〒175-0094　東京都板橋区成増1-12-19
	電話03-3938-8689　FAX 03-3938-8313
イラスト	中尾和子
編　　集	高橋暁洋（学校法人タイケン学園）
	株式会社ハセガワ
印　　刷	株式会社ハセガワ

ISBN978-4-924769-50-2 C 3075